中国印象

丛书主编　张玉金

汉字与渔猎

甘露　著

暨南大學出版社
JINAN UNIVERSITY PRESS

中国·广州

图书在版编目（CIP）数据

汉字与渔猎／甘露著．—广州：暨南大学出版社，2015.10
（汉字中国）
ISBN 978－7－5668－1292－6

Ⅰ.①汉…　Ⅱ.①甘…　Ⅲ.①汉字—研究②捕捞—文化研究—中国③狩猎—文化研究—中国　Ⅳ.①H12②S97③S8

中国版本图书馆CIP数据核字（2014）第285966号

汉字与渔猎
著　　者　甘　露

出 版 人　徐义雄
策划编辑　杜小陆　刘　晶
责任编辑　范小娜
责任校对　龙　欣
责任印制　汤慧君　周一丹
出版发行　暨南大学出版社（广州暨南大学　邮编：510630）
网　　址　http：//www.jnupress.com　http：//press.jnu.edu.cn
电　　话　总编室（8620）85221601
　　　　　营销部（8620）85225284　85228291　85228292（邮购）
排　　版　广州良弓广告有限公司
印　　刷　深圳市新联美术印刷有限公司
开　　本　850mm×1168mm　1/32
印　　张　5.75
字　　数　116千
版　　次　2015年10月第1版
印　　次　2015年10月第1次
定　　价　26.80元

总　序

当人类从野蛮跨入文明，一些民族发明并使用了文字。如巴比伦人的楔形文字、埃及人的象形文字、玛雅人的图形文字等。我们的先人，同样也发明并使用了象形文字。

然而到了今天，其他几种古老的文字体系都消亡了，只有我们的汉字至今还存活着，并呈现出勃勃的生机。在可以预见的将来，它都不太可能被废弃。这是为什么？

传说汉字是四目的仓颉所造的。他创造文字之后，“天雨粟，鬼夜哭”，真是惊天地、泣鬼神的壮举。即使在今天，还有人把汉字的创造看成是中国人的第五大发明。的确，汉字对中华民族的贡献，怎样评价都不过分。

汉字具有超时代性，使我们后人很容易继承先人所创造的伟大文明。中华民族生生不息，中华文明薪火相传，绵延不绝。汉字居功至伟。

汉字具有超地域性，使得居于不同地域、操不同方言的人们能顺利交流，维系着我们国家的统一和民族的团结。汉字功不可没……

汉字身上，蕴藏着无穷无尽的奥秘，等待着我们去探究。

然而以往对汉字的研究，多是就汉字研究汉字，如研究汉字的本义和形体结构，探究汉字的起源、发展、结构等。有时就汉语研究汉字，探讨汉字与汉语的关系。

近些年来，一些学者开始研究汉字自身所具有的文化意义，探讨汉字与中国文化的关系。

但是，到目前为止还没有人从中国文化生态系统的角度来研究汉字。本丛书就是从中国文化生态系统的角度来研究汉字的。

所谓中国文化生态系统是指由影响中国文化产生和发展的自然环境、科学技术、经济体制、社会组织及价值观念等变量构成的完整体系。人类的活动是社会的主体，人类的文化创造可以划分为科学技术、经济体制、社会组织及价值观念四个层次，这些因素构成文化生态系统的结构模式。与自然环境最近、最直接的是科学技术一类智能文化；其次是经济体制、社会组织一类规范文化；最远是价值观念。对人类的社会化影响最近、最直接的是价值观念；其次是社会组织、经济体制；最远的是自然环境，它对人类社会化的影响是通过经济体制、社会组织及价值观念等中间变项来实现的。

汉字是一种文化现象，所以可以从中国文化生态系统的角度来研究汉字。把汉字与中国文化生态系统联系起来，考察汉字所赖以产生的整个文化生态系统及其对汉字的影响，考察汉字中蕴含的中国社会结构、经济土壤、文化系统和自然环境等各方面的信息。

本丛书的创新点，不是仅就汉字论汉字、仅就汉语论汉字，也不是仅就中国文化来论汉字，而是联系它所赖以产生的整个文化生态系统，从而达到对汉字的更为深入全面的剖析。

本丛书从汉字与人、汉字与社会、汉字与经济、汉字与文化、汉字与自然五个大的角度来研究汉字，共提出39个研究子课题，每个子课题都写成一本小书。这些子课题如下：

一、人：汉字与人体。

二、社会：汉字与婚姻家庭、汉字与宗法、汉字与职官、汉字与战争、汉字与汉语。

三、经济：汉字与农业、汉字与渔猎、汉字与手工业、汉字与贸易。

四、文化：

（一）物质文化：汉字与饮食、汉字与服饰、汉字与建筑、汉字与交通、汉字与玉石、汉字与文房四宝。

（二）制度文化：汉字与刑法、汉字与度量衡。

（三）精神文化：汉字与乐舞、汉字与书法艺术、汉字与神话、汉字与对联、汉字与数目、汉字与医疗、汉字与色彩、汉字与经典。

（四）心理文化：汉字与民俗、汉字与姓名、汉字与避讳、汉字与测字、汉字与字谜、汉字与宗教、汉字与道德、汉字与审美、汉字与思维。

五、自然：汉字与植物、汉字与动物、汉字与地理、汉字与天文。

本丛书的读者对象是具有高中及以上学历的学生和一般国人，也包括学习汉语汉字的海外华人、外国学生和一般外国人。

全面揭示汉字所蕴含的中国文化生态系统信息，可以让普通民众和大中学生对我们天天使用的汉字有更为深入的了解，有利于提高基础教育和高等教育的水平，有利于提高中华民族的科学文化水平；还可以让学习汉语的外国学生和一般外国人对汉字及其背后的文化生态系统，特别是两者的关联有更多的了解，这有利于汉字汉语汉文化走向世界。

张玉金

2014. 12

前　言

在人类社会发展的历史长河中，原始人都历经了渔猎时期。远古的渔猎是原始人在谋求生存的过程中最古老、最基本的生存手段。当人类进入阶级社会后，狩猎不再是人们生活生产的主要手段，而成为帝王贵族的一种娱乐消遣方式，同时它又与祭祀、战争紧密地联系在一起，形成了一套完整的狩猎制度。这种狩猎制度在历史发展进程中对人类的政治、经济、军事都产生了广泛而深远的影响。

在远古时期，中华民族的始祖黄帝及其部族居住和活动的主要区域属热带、亚热带气候区，这里气候温和，雨量充沛，土壤肥沃，森林茂盛，湖泊密布，河流交织，这样的自然环境为飞禽走兽的大量繁衍提供了优越的自然条件，同时也为古人的生存和发展提供了良好的环境。《尚书·禹贡》、《周礼》中所谓的"泽薮"就是指还保存着原始自然面貌的地区，如《周礼·夏官·职方氏》中所列的具区、云梦、甫田、孟诸、大野、弦圃、杨纡、昭馀八个泽薮就是其中的一部分。《左传》和《诗经》均有提到棫林、平林、中林、桃林，这些地方仍处于丛林密布的自然状态，"麋鹿在牧，蜚鸿满野"则是商末周初自然景观的写照。《孟子·滕文公上》记载："当尧之时，天下犹未平，洪水横流，泛滥于天下，草木畅茂，禽兽繁殖，五谷不登，禽兽逼人，兽蹄鸟迹之道交于中国。尧独忧之，举舜而敷治焉。舜使益掌火，益烈山泽而焚之，禽兽逃匿。"这段文字真实地描绘了远古时期我国先民生存的自然环境。由于洪水横流、草木畅茂、鸟兽大量繁殖威胁到了人类的生存，于是舜派遣益"烈山泽而焚之"，利用火攻的方法焚林烧草，这样不仅烧出一大片的空地，同时又驱逐了禽兽，既开垦了土地又能捕获禽兽。古代处于自然状态下的土地，土质一般都较松软，焚烧后的草木灰又是一种高效的有机肥料，只要用简单的生产工具稍加开垦，就可当作"农田"播种。只要不遇到特别大的自然灾害，在这种"农田"中种植作物就能有所收获。这就是"刀耕火耨"的原始农作方法。

原始社会时期，人类想方设法猎取野兽的根本目的是获取食物，维持生存。当农业和畜牧业充分发达，足以满足人类需要的时候，田猎活动就有了多方面的意义。在中国上古时期，田猎是历代君主经常进行的活动之一，虽说不如祭祀与战争那么重要，却与祭祀有着密切的关系。同时，田猎逐渐发展成为一项具有军事意义的生产活动，在用于练兵、娱乐的同时，甚至还能为国家选拔人才。渔猎与国家的政治、经济、军事紧密地联系在一起，形成了具有特色的渔猎文化。

另外，需要说明的是，因时间关系，书中部分插图未能联系上相关作者，如有疑虑，请联系暨南大学出版社，届时会以一定的形式表示感谢。

目　录

一、渔猎的方法与相关汉字

渔猎包括捕鱼和田猎。《管子·轻重丁》中说："渔猎取薪，蒸而为食。"相形之下，田猎在历史的长河中，与政治、经济、军事联系得更密切些。

中国自商周以来，由原始社会以狩猎为主的生活方式转变为以农耕为主的生活方式，狩猎不再是以糊口果腹为目的的生产手段。农业社会时期，为了保护农作物免受野生动物的糟践，人们经常进行大规模的、有组织的狩猎活动。这种狩猎最初是在保护农田的名义下进行的，是一项有利于农业生产的活动，所以狩猎在中国古代叫作"田猎"。《春秋公羊传·桓公四年》何休注："田者，搜狩之总名也。古者肉食，衣皮服，捕禽者，故谓之田。"何休的意思是说，古人以肉为主食，穿动物的皮毛，狩猎就像种田一样，所以把打猎叫作"田"。《白虎通·田猎》则说："四时之田，总名为田，何为田？除害也。"

我国古代的渔猎之事，在古汉字中也有着直观、生动、丰富的反映。尤其是在迄今发现的最早的成系统的商代甲骨文中，已有许多关于田猎活动的记载，陈炜湛曾做过统计，他发现十万多片甲骨文中，“田猎刻辞约四千五百片，相当于总数的二十分之一”[①]，由此可以推断，田猎在当时人们的生产生活中起着极其重要的作用。

（一）田猎的方法及相关汉字

古人是利用什么工具、通过何种手段来获取猎物的呢？要准确回答这个问题有一定的难度，不过，历代考古所获的古代遗存、生动形象的古文字字形以及卷帙浩繁的传世典籍都为我们再现远古时期的田猎活动提供了真实可靠的依据。黄然伟认为卜辞中所见的田猎方法有焚、射、阱、罞、逐、网、罗、亞、羿、征、篧、牧，共十二种[②]；姚孝遂认为有“设陷阱以猎”、“设网罟以猎”、“利用弓箭以猎”、“围猎”等田猎手段[③]；杨升南认为有狩、焚、阱、网、逐、从、射、征、亞、博、弹、牧这十二种方法[④]。以上几家各有侧重，互相补充，从不同方面论述、分析了商代田猎的方法与工具。

在进行文字学、民俗学、考古学、文献学等多学科、多角度

---

① 陈炜湛：《甲骨文田猎刻辞研究》，南宁：广西教育出版社 1995 年版，第 5 页。

② 黄然伟：《殷王田猎考》，《中国文字》1964 年第 14 册，第 1647 ~ 1655 页。

③ 姚孝遂：《甲骨刻辞狩猎考》，四川大学历史系古文字研究室编：《古文字研究》（第 6 辑），北京：中华书局 1981 年版，第 34 ~ 40 页。

④ 杨升南、马季凡：《商代经济与科技》，北京：中国社会科学出版社 2010 年版，第 256 ~ 271 页。

综合考察后，我们发现田猎的方法有很多，不同时代、不同地区有其自身的特色，就是对付同一种动物，有时也会根据实际情况采用不同的捕获方式。总的说来，常用的田猎方法有如下几种。

1. 徒手捕捉

早在旧石器时代，人们就已经能够制造石斧、石铲、骨针、鱼叉等工具，不过在实际的田猎活动中，仍然有徒手捕捉猎物的习惯。

获 huò　繁体作“獲”，其初文是“隻”，甲骨文作。《说文解字》（以下简称《说文》）：“猎所获也。”甲骨文的“隻”，从隹从又，象捕鸟在手之形，表示有所收获。后来在《说文》小篆中加上“犭”和“艹”，即形成繁体的字形。甲骨文中还有一些字形反映了这种原始古朴的捕获方式，如：，像一只手捉住鱼的头部，会以手捕鱼之意；，会以手捉豕之意；，会以手捉龟之意；，会以手捉蛇之意；，会以手捕虎之意。这些字均是写作以手捕捉某种动物之形，向世人展示了早期人类徒手进行田猎活动的场景。

在甲骨文时期，人类已经发明创造出工具，那么，既然已经拥有工具，为什么还会弃工具而使用原始的捕捉方式呢？其中的一个原因可能是猎物在突然之间出现，情急之下，人们无法拿到工具，因此便徒手捕捉；另一个原因或许是猎人为了向别人展示自己的英勇和高超的技艺，便徒手与猛兽搏斗。《诗经 · 国风 · 郑风 · 大叔于田》中即有“袒裼暴虎”的记载，马瑞辰《毛诗传笺通释》认为“暴”与“搏”是一声之转。《孟子 · 尽心下》中有“冯妇善搏虎”。由此看来，“袒裼暴虎”就是脱去上衣，露出肌肉，赤手空拳地与老虎搏斗，最后将老虎“献于公所”，表明猎杀了老虎。《史记 · 殷本纪》中记载帝辛，即商纣王“材力过人，手格猛兽”。《左传 · 宣公二年》中的提弥明就是赤手空拳地与晋灵公放出的猛犬搏斗，最后将猛犬杀死。由此，猎人的英勇便可想而知了。

2. 利用弓箭

工具的使用和改革在人类社会发展的过程中有着划时代的、至关重要的意义。新石器时代的半坡遗址、大汶口文化遗址、河姆渡遗址和仰韶文化遗址中均出土过人类早期的生产工具，如石斧、石铲、骨针、网坠、鱼钩、鱼叉、骨制箭头等，表明人们在农耕生活和渔猎生活中已经开始使用这些工具。甲骨文中已有不少字反映了我们祖先利用工具开展渔猎活动的情况。

据考古学家在山西朔县峙峪旧石器时代后期遗址发现的石镞（即石箭头）推测，大约三万年前人类就已经在使用弓箭了。[①] 火药发明之前，人类在狩猎过程中用得最多、最直接、最有效的工

① 贾兰坡：《什么时候开始有了弓箭》，《郑州大学学报》1984 年第 4 期，第 1 ~4 页。

具就是弓箭。“射”是用弓箭射杀禽兽，这种方式方便简单，是小规模狩猎时使用的方法。在商代的遗址和墓葬中，出土了很多铜、骨、蚌、石、玉等材质的箭头。在大型墓葬中，多出土铜质箭头，而小型墓葬中则多出土石、骨、蚌质的箭头。①

《吕氏春秋 · 异用》：古之人贵能射也，以长幼养老也。今之人贵能射也，以攻战侵夺也。

由此可见，弓箭既是战争中的武器，也是狩猎中最为有效的工具。

高句丽壁画中的射猎图

射 shè　甲骨文中的“射”字作，象张弓射箭之形。金文增意符“又”（手），作，以示用手拉动弓弦。小篆以后弓矢之形讹变作，“又”旁变成“寸”旁。《说文》：“弓弩发于身而中于远也。”本义是射箭。《礼记 · 月令》：“是月也，命将讲武习射，御角力，执弓挟矢以猎。”《诗经 · 小雅 · 吉日》：“既张我弓，既挟我矢。

① 杨升南：《商代经济史》，贵阳：贵州人民出版社 1992 年版，第 286 ~ 287 页。

发彼小豝，殪此大兕。”《仪礼·乡射礼》：“凡挟矢于二指之间横之。”这些讲的都是古代以射为主的田猎活动。

射猎纹撇口尊

甲骨文中的“彘”字写作或，象以矢射豕之形，表示彘是可以射猎的野猪。卜辞中即有大量捕获豕的记载。左图是绘在唐代瓷器上的一幅狩猎图，描绘了一位勇敢的女射手骑在马上拉弓射猎一只野猪的游猎场面，形象生动。

甲骨文中有一字，象射鹿之形，正是以弓射鹿的意思；有一个，象以矢射兔之形；还有一个，会以矢射鸟之意。

甲骨文中有字，与“弓”字形近，即弹弓之“弹”字的初文，意为用弓弦将圆小坚硬的丸子射出去。卜辞有：

丙午卜，弹延兔。(《合集》10458)

《说文》：“弹，行丸也。”弹与弓的区别是：弓用来发射矢，弹则用来发射弹丸，如小石块，与射的功能相类似。在新石器时代的遗址中就发现了用于狩猎的陶质和石质弹丸。《庄子·齐物论》“见卵而求时夜，见弹而求鸮炙”、《吕氏春秋·贵生篇》“今有人于此，以隋侯之珠，弹千仞之雀，世必笑之”、《战国策·楚策四》中黄雀“俯噣白粒，仰栖茂树，鼓翅奋翼，自以为无患，与人无争也。不知夫公子王孙，左挟弹，右摄丸，将加己乎十仞之上，以其类为招”，都说明了弹弓的主要作用是射猎禽鸟。

罗潜远《春郊射猎图》①

在一些岩画中还可以寻觅到古人利用弓箭射击动物的画面，如在距银川50多公里的贺兰县金山乡境内的贺兰山岩画中就有许多射猎图。下图（左）是一幅规模宏大的围猎图，能够辨认出的人物和动物有五十多个。情节围绕猎虎展开，虎的头部夸张，牙齿非常突出，利爪张开，尾巴拖在地上，全身呈蹲踞状，七只狗将其团团围住。虎的颈项、前后脚、尾巴、耳朵被狗死死咬住，其嘴和胸部的致命处已连中三箭。虎的正前方有三个猎手，

① 图片来自闻韶艺术网，http：//www. wenshao - art. com/BigPicture. asp? ID =995。

他们均已拉弓在弦，做出瞄准的动作。这幅图生动形象地再现了古人以弓矢射猎动物的狩猎生活。

贺兰山岩画之射猎图①

乡射礼图②

弓箭是冷兵器时代田猎和打仗时的重要工具。先秦时期，贵族把射箭技能的训练作为六艺之一，《周礼·地官·保氏》记载贵族子弟八岁入小学时就须学习“白矢、参连、剡注、襄尺、井仪”五种射箭的技艺，③ 并以此作为当时人才选拔的方式之一，因此《礼记·射义》记载：“是故古者天子，以射选诸侯、卿、大夫、士。射者，男子之事也。”

与普通弓箭射猎相类似的“弋射”，也是一种古老的射猎方

---

① 图片来自西北艺术网，http：//www. xibeiart. com/44/2008 – 2 – 24/90000@4580. htm。

② 图片来自国学频道，http：//guoxue. xfjy9. com/XianFeng/2009/11950. html。

③ 白矢，即箭穿靶子而箭头发白，表明发矢准确而有力；参连，即前放一矢，后三矢连续而去，矢矢相属，若连珠之相衔；剡注，谓矢行之疾；襄尺，即臣与君射，臣与君并立，让君一尺而退；井仪，即四矢连贯，皆正中目标。

式，又称作“缴射”、“矰弋”。弋射与射的区别在于，用于弋射的箭箭尾系着长绳，这是为了方便将射中的猎物收回。这种方法多用于射猎大雁之类的大型飞禽。飞禽被射中后不一定会立刻掉落下来，于是需要用丝绳将它们拉住，以防飞走，同时，也可以利用箭矢的绳子束缚鸟的脖颈、羽翼以获得猎物。

弋射早已失传，考古工作中发现不少与弋射有关的图像和实物，为我们了解古代的弋射提供了宝贵的资料。

四川省博物馆馆藏的 1955 年在四川大邑安仁乡出土的绘有《弋射收获图》的汉画像砖，就清晰地刻画了弋射场面。砖上的图描绘了两个执弓搭箭的射士形象，右侧一人右手持弓，左手搭箭于弦上，身体微微倾斜，做出准备发射的样子。

弋射收获汉画像砖[①]

河南南阳出土的汉砖上的弋射图更是生动地反映了弋射的场景。左边一人射中了一只大雁，而被射中的大雁拖着一条长长的绳子，即缴，已经无法逃脱；右边一人射中大雁后，连缴带雁，已收获在手。

---

① 图片来自中国遗产网，http：//cms. smejs. com/siteRoot/zgycw/zt/zgtyyc/gdtyxm/shejian/。

弋射画像①

弋射是古代一项非常普遍的渔猎休闲运动，在秦封泥②中，有左宫弋丞这一职位，专门掌管皇家的弋射活动。这说明上至皇亲贵戚，下至黎民百姓，都特别喜爱这项运动。

弋射本指射鸟。《诗经·郑风·鸡鸣》："女曰鸡鸣，士曰昧旦。子兴视夜，明星有烂。将翱将翔，弋凫与雁。"《大雅·柔桑》："如彼飞虫，时亦弋获。"朱熹《集传》："弋，缴射，谓以生丝系矢而射也。"后来弋射泛指射猎禽兽。《吕氏春秋·贵当》："夫事无大小，固相与通，田猎驰骋，弋射走狗，贤者非不为也，为之而智日得焉，不肖主为之，而智日惑焉。"《史记·货殖列传》："弋射渔猎，犯晨夜，冒霜雪，驰坑谷，不避猛兽之害，为得味也。"《宋史·儒林传七·真德秀》："仪狄之酒，南威之色，

① 图片来自中国遗产网，http：//cms. smejs. com/siteRoot/zgycw/zt/zgtyyc/gdtyxm/shejian/。

② 封泥是印章按于泥上作为实物和本制牍函封缄的凭证，是一种官印的印迹。

盘游弋射之娱，禽兽狗马之玩，有一于兹，皆足害敬。”

3. 利用陷阱

阱 jǐng　在甲骨文中有、、、等字形。《说文·井部》：“阱，陷也。”段玉裁注：“穿地陷兽。”罗振玉解释这个字时，说：“卜辞象兽在井上，正是阱字。或从坎中有水与井同意。又卜辞诸字均从鹿属，知阱所以陷鹿属者矣。”[①] 至于陷阱中的小点，叶玉森认为“像食物，盖饵之也”。[②]

阱是利用陷阱进行狩猎的一种方式，陷阱是指掘地为坎穴，或利用自然的坎穴，经过伪装，并放置诱饵，致使野兽陷落其中，再对其进行捕获或击杀。陷兽的阱一般布设在山林地带，所以“阱”字从“阜”。利用陷阱擒获野兽的活动规模大，擒获野兽的数量多，一次最多可达 700 头。甲骨卜辞中多有记载，如：

> 壬申卜，殼，贞甫擒麋？丙申，允擒二百又九。一月。（《合集》10349）
>
> 丙戌卜，丁亥王阱，擒。允擒三百又四十八。

① 罗振玉撰：《增订殷虚书契考释》，北京：东方学会石印本 1927 年版，第 50 页。

② 叶玉森编：《殷虚书契前编集释》（第 2 卷），台北：艺文印书馆影印本 1968 年版，第 25 页。

广东徐闻新中国成立前的捕虎陷阱[①]

(《合集》33371)

贞，乙亥阱，擒七百麋。(《屯南》2626)

利用陷阱一次最多可以捕获700头麋，从猎物数量上就可以想象这是多么宏大的狩猎场面。

甲骨文中还详细地记载了商王在“其”这个地方使用陷阱狩猎的过程。如：

甲子卜……日王逐。
乙酉卜，在箕，丙戌王阱，弗正。
乙酉卜，在箕，丁亥王阱，允擒三百又四十又八。
丙戌卜，在箕，丁亥王阱，允擒三百又四十又八。
丁亥，阱擒，允。(《屯南》663)

从上面的卜辞可以看出，这次田猎采用了陷阱猎兽的方法，从最开始的准备工作到实施捕获共用了三天时间，收获颇丰。

据说在虞舜时代，“伯益作井”，闻一多认为，伯益所做的井

① 《大雨冲出解放前捕虎陷阱》，《湛江晚报》，2008年7月21日。

即捕兽的陷阱。可见，利用陷阱来捕杀野兽是一种由来甚古的狩猎手段。从字形上可以看出，用来捕猎的陷阱，其中有时还灌有水，所以《说文》“阱”字下又收有古文“汬”，即从水。白玉峥说：“当冬春之际阱兽时，常于坎底实以锋利之木橛，夏秋之际则常灌之以水，使坎底呈泥糊状，坎口再敷以伪装，导使野兽误陷入阱。然而，兽虽误陷入阱，必以全力作生命最后之挣扎，且其挣扎极为猛烈，猎者积其阱兽之经验，予坎底实以木橛，使猛兽因入阱而受伤，或灌以水，以消耗困兽之抗力，而缩短擒获之时间。”[①] 甲骨文中直接表示用陷阱来陷取猛兽有一个字，象兕（犀牛）坠于陷阱之形，隶定为，读为“阱”，即专指用陷阱来猎取犀牛。甲骨文中隶定作，隶定作，均是以陷阱擒获鹿和麋之形。人类很早就学会了挖陷阱捕兽，这种方法可避免同猛兽正面交锋的危险，如《周礼 · 秋官 · 司寇》：“（冥氏）掌设弧张。为阱获，以攻猛兽，以灵鼓驱之”，即人们用力击鼓把野兽驱赶出藏身之处，逼其落入陷阱。《庄子 · 山木》中说：“夫丰狐文豹，栖于山林，伏于岩穴，静也；夜行昼居，戒也；虽饥渴隐约，犹且胥疏于江湖之上而求食焉，定也；然且不免于罔罗机辟之患，是何罪之有哉？”阱是猎获大型动物的重要方式，《盐铁论 · 通有篇》有“设机陷，求犀象”。在我国苗族、瑶族、侗族

① 白玉峥：《契文举例校读》（三十四），《中国文字》1972 年第 45 册，第 3633 页。

和壮族聚居地，陷阱也十分流行，“以此猎虎、熊和鹿等大型动物”。[①] 这也表明我国古代捕捉猎物时曾使用陷阱这一方法。

4. 利用网罟

传说，伏羲氏在教人们学会打猎后，又发挥其聪明才智，借鉴蜘蛛结网的方式，教大众用绳索编结成网，用来网禽兽、网鱼虾。

蜘蛛网

因此，用网罟来猎取禽兽，是一种很古老的狩猎手段。《周易·系辞下》：“古者包牺氏之王天下也……作结绳而为网罟，以佃以渔。”说明网是包牺氏发明的。有了网，人们就可以捕获鱼、飞鸟和走兽。甲骨文中有字，象双手持丝编网之形，即“结绳而为网罟”的“结”字之初文。又有、二字，象人举双手布网之形，都是取象于布设网罟以佃以渔之事。

网 wǎng　甲骨文的网作，象绳线交织之形，本义是捕获鸟兽鱼鳖的工具。《说文》或作罔、𦉏，罔因篆文受金文字形的

① 宋兆麟等：《中国原始社会》，北京：文物出版社 1977 年版，第 152 页。

影响，误加“亡”；罔的篆文加“纟”（丝绳），强调结网所用的材料。现在简化作“网”，是甲骨文字形的楷体。作为偏旁的网，现在多写作“罒”，如“罟、罪”等字。罟，《说文·网部》：“罟，网也。”罟是网的总名。《广雅·释器》：“罔谓之罟。”王念孙疏证：“此罔鱼及鸟兽之通名。”《周易·系辞下》：“作结绳而为罔罟，以佃以渔。”《孟子·梁惠王上》：“数罟不入洿池，鱼鳖不可胜食也。”《诗经·小雅·小明》：“畏此罪罟。”此处的罟作动词，意为用网捕捉鱼或鸟兽。

在商代，网罟已经应用得非常广泛，既用于捕鱼，也用于捕捉各种野兽。如：

> 庚戌卜，申获网雉，获十五。
>
> 甲寅卜呼鸣网鸟，获。丙辰风，获五。（《合集》10514）

在这片甲骨上，既有占卜网雉的，也有占卜网鸟的。此外，也有占卜用网来捕捉野兽的。如：

> 壬戌卜，㱿贞，呼多犬网鹿于农。八月。（《合集》10976 正）

卜辞中还有从网从某种动物的字，这些字也是表示用网来狩猎的动词。

5. 利用猎犬

（1）狩

狩 shòu　《说文》：“狩，犬田也。”即用犬田猎。“狩”在甲骨文中作，从犬从单，是个会意字。左边的单，像一种捕捉野兽的武器或工具，右边的犬，有以犬辅助捕捉之意，两者合在一起，表示“狩猎”之“狩”。

“猎”字繁体作“獵”。《说文》：“猎，放猎逐禽也。”《诗经·魏风·伐檀》：“不狩不猎，胡瞻尔庭有县貆兮？”《礼记·月令》：“执弓挟矢以猎。”从这些文献中就可以想象出狩猎时架鹰唆犬、搭弓引箭的场面。

甲骨文的“狩”常用作动词，即“狩”的本义，应该是指众人进行合围而猎获野兽的一种方式。因此，通过“狩”这种方式获得的动物数量大、种类多。如：

> 乙未卜，今日王狩光，擒？允获虎二、兕一、鹿二十一、豕二、麑百二十七、虎二、兔二十三、雉二十七。十一月。（《合集》10197）
>
> 戊午卜，㱿贞，我狩㪟，擒？之日狩，允擒。获虎

一、鹿四十、狐一百六十三、麑一百五十九。(《合集》10198 正)

在《合集》10197 这条卜辞中，捕获 7 种动物，共 205 只，其中公虎 2 只、母虎 2 只。一次性捕获这么多种类和数量的动物，只有大规模的狩猎活动才可能完成。

除了捕捉野兽用“狩”之外，捕鱼也可以用“狩”。如：

戊寅，王狩高鱼，擒。(《合集》10918)

甲骨文中还有很多象手持干、单之类的工具搏击豕、鹿等野兽之形的字，如：以棍击龟，、以戈击隹，以棍击隹，以戈击虎，以戈击豕，、以棍击马，持干击马，以干击象。它们的音义关系虽然还不明确，但其造字构形很明显是以某种长形工具与动物搏击之形。

原始狩猎图[①]

① 图片来自卓克艺术网，http：//shop. zhuokearts. com/goods. aspx? id =9639。

（2）焚

焚 fén　甲骨文字形作，上面为“林”，下面为“火”，为“以火焚林”之意。《说文》：“焚，烧田也。”本义是用火烧山林来田猎。王筠《说文句读》：“谓烧宿草以田猎也。”烧田也称“火田”、“焚田”。

“火田”是殷商时期田猎活动中焚田猎兽的方法，甲骨文中明确用焚田猎兽的卜辞就有十余条，而且往往是“焚”、“狩”互用。武丁时期用“狩”的田猎卜辞很多，目前所见约有 120 条。凡用“狩”的田猎卜辞中多见猎获兕、虎这类大而凶猛的野兽。《尔雅 · 释天》：“火田曰狩。”《韩非子 · 难一》：“焚林而田。”因此“狩”与“焚”都是“火田”，即“焚林而田”。焚林是古代十分常见的围猎方式，从田猎规模上来说，焚林的规模大，所获的猎物数量、种类也多。如：

> 翌癸卯其焚，擒。癸卯允焚，获……兕十一、豕十五、兔二十五。（《合集》10408 正）

从这条卜辞可以看出，以焚所猎获的野兽数量并不少，因此，这也是一种有效的狩猎方法。

古人在狩猎时，尤其是在进行大规模的田猎活动时，常常借助火攻，在林木畅茂、荆莽丛生的荒原地带，焚林田猎自然是一种很有效的方法。林木焚烧起来后，野兽难以藏身，不得不向外逃窜，往往被逼投入人们预先划定好的狩猎范围。这时，或以弓矢射杀，矛戈击刺，或以鹰犬相逐，车马相驱，逼其闯入罗网，坠于陷阱，所获必然巨大。尤其是冬天，熊之类的野兽蛰伏在洞穴中冬眠，要猎取它们，烈火焚烧更是重要手段。《周礼 · 秋官》有“穴氏”，其职责为“掌攻蛰兽，各以其物火之”。所谓“各以其物火之”，便是指根据不同猎物的习性特点而采取不同的火攻之法。《诗经 · 郑风 · 大叔于田》描写了焚林而猎的盛大场面：

叔于田，乘乘马。执辔如组，两骖如舞。叔在薮，火烈具举。

袒裼暴虎，献于公所。将叔勿狃，戒其伤女！

叔于田，乘乘黄。两服上襄，两骖雁行。叔在薮，火烈具扬。

叔善射忌，又良御忌。抑磬控忌，抑纵送忌。

叔于田，乘乘鸨。两服齐首，两骖如手。叔在薮，火烈具阜。

叔马慢忌，叔发罕忌，抑释掤忌，抑鬯弓忌。

这首诗中有许多描写“焚林而田”的狩猎方式的诗句，比如“叔在薮，火烈具举”、“叔在薮，火烈具扬”、“叔在薮，火烈具阜”等，将叔这个勇猛善射的猎手放在一个十分壮观的背景之中。周围是熊熊燃烧的大火，猛虎被围堵在深草之中，只有叔在与老虎进行较量；叔脱去了上衣，熊熊大火照亮了叔的全身和拼死反抗的猛兽。一场惊心动魄的搏斗的场面栩栩如生地展现在了人们面前。

“焚林而田”这种狩猎方式有很大的破坏性，并且也具有一定的危险性，所以这种方法在当时也不是经常被采用。

直到春秋战国时期，人们仍然在使用焚田这种狩猎方法。《春秋·桓公七年》：“焚咸丘。”杜预注：“焚，火田也。”《左传·定公元年》：“晋国魏舒田于大陆，焚焉。”《管子·揆度篇》：“烧山林，破增薮，焚沛泽，逐禽兽，实以益人。”不过到战国时期，人们已经认识到“焚林而田”是一种不良的行为。《韩非子·难一》：“焚林而田，偷取多兽。”《吕氏春秋·义赏》：“焚薮而田，岂不获得？而明年无兽。”“焚林而田”的恶果同竭泽而渔一样，它将逐渐破坏生态平衡，导致环境恶化，进而影响人类的生存。然而，焚田的另一个结果是把猎区变成农田，焚田将狩猎的地方的林木变为灰烬，不仅帮助人们开荒，同时林木被焚烧后遗留下来的灰烬是天然的肥料，对农作物的生长有利。张政烺认为：“殷代耕田和打猎本来是两回事，在焚烧山泽这一点上统一了。许多猎区终于不免变成农田。”①《周易》中没有“焚林而田”的记录，但是周人农业发达，大概不会不采用“焚林而田”和刀耕火种的方法吧！

---

① 张政烺：《卜辞裒田及其相关诸问题》，《考古学报》1973年第1期，第93～120页。

（3）逐

逐 zhú　甲骨文作，象以止逐豕之形。《说文》“逐，追也，从辵，从豚省。”甲骨文中的“逐”字，有从豕从止——、从兔从止——、从鹿从止——等字形，而主要的形体是从豕从止，可以互相通用，没有区别。

朱嘉凡《乾隆盛京围场狩猎图》①

“逐”在卜辞中指某种具体的狩猎手段，从大量的卜辞中可以看出，“逐”应该是围猎的手段之一。在采用“逐”这种狩猎方式时，往往用猎犬追逐，有时也用田车追逐。如：

其逐沓麋，自西、东、北，亡灾？（《合集》28789）

甲午，王往逐兕，小臣叶车，马硪驭王车，子央亦坠。（《合集》10405）

从这句卜辞中可以看出，“逐”是一种围猎的方式，围猎的情况一般是三面包围，将野兽从其隐藏的森林中逐出，然后加以捕获。

---

① 图片来自中国文明网，http：//archive. wenming. cn/2009 - 08/10/content_17346928. htm。

我唯三十鹿逐？允逐，获十六。(《合集》116)

《合集》116 就是对“逐鹿”的记载，这显然也是围猎的形式之一。

“逐”的对象可以是豕、兕、麋、鹿、兔，甚至燕子也可用“逐”。此时，“逐”的意义已经虚化。如：

癸丑卜，王其逐豕，获？允获豕。(《合集》10230)

贞，翌辛巳王勿往逐兕，弗其获。(《合集》10401)

戊戌卜，贞，王往逐麋。(《合集》10348)

呼多马逐鹿，获。(《合集》5775 正)

辛卯卜，贞，呼多羌逐兔，获。(《合集》154)

卯王……逐燕…… (《合集》18345)

(4) 从

从 cóng　甲骨文作，像两人一前一后相随而行，本义是“跟从、跟随”。“从”在卜辞中，也是一种狩猎的方法，其性质与“逐”类似。如：

王其田，从。(《合集》28576)

惟东西麋从。(《合集》20931)

翌日戊，王其从，亡灾，擒。(《合集》29039)

……卜，王往田从，来崇豕，擒。(《合集》33362)

辛卯贞，从狩庐涉。(《屯》1009)

惟从兕。(《合集》28411)

从以上卜辞可以看出，“从”常常与“田、擒、狩”之类表狩猎方法的动词同时出现，说明“从”已经不是简单意义上的“跟从、跟随”了，而是表示一种追逐方式的狩猎方法，它与“逐”的意义相近。“从”所追逐的野兽可以是麋、鹿，甚至是猛兽兕。

追逐野兽时，商王和贵族可以乘车，而普通老百姓则只能凭借双脚。这里的“从”，应该是指普通猎人追逐野兽的方法。

（二）捕鱼的方法及相关汉字

1. 网捕

用网捕鱼的方法起源很早，在我国新石器时代的半坡遗址、大汶口文化遗址、河姆渡遗址、仰韶文化遗址就已发现大量的作为网具的网坠。最早的网既能捕鸟兽，又能捕鱼。早在甲骨文中，就有用网捕鱼的记载。字从鱼从网从又，象手持网捕鱼之形，十分形象，一般隶定为𩸞字。《合集》10478 鱼字横刻，就像鱼被网拦出水，此字在甲骨文中极为常见，当是商人常采用的

大拉网

一种捕鱼方法。从字形上观察，网作长条状，手持网的两端，当是一种“拦网”。这种网用以拦截一定的水域，逐渐围收于岸边，以获取鱼。这是一种大型的、需多人合作的捕鱼方法。

用网捕鱼，在江、河、湖中皆可使用，甲骨文中有在河中捕鱼的记载：

惟滴鳗。(《合集》28426)

“滴”即滴水。滴水有的说是今漳水①，有的说是今沁水②，此两处皆是王畿内的河流。

甲申卜，不其网鱼。(《合集》16203)

用作网具的网坠，在商代遗址中已有大量出土。在郑州二里

① 葛毅卿：《说滴》，《史语所集刊》第7本4分册，北京：商务印书馆1938年版；杨树达：《释滴》，《积微居甲文说》卷下，上海：上海古籍出版社1986年版，第88页。

② 李学勤：《殷代地理简论》，北京：科学出版社1959年版，第13页。

岗遗址中，出土有陶、石两种材料的网坠。用网捕鱼是一种很有效的方法。商时的人们一次出渔捕获达三万尾，只有用这种效率高的网捕工具，才能有这样大的收获。今人捕鱼的网，也只是对古人网具的改进而已。

《尚书·盘庚上》："若网在纲，有条不紊"，《韩非子·外储说右下》："善张网者引其纲，不一一摄万目而后得"，这说明网具已有很长的网纲。

《诗经》中有不少篇章提到用网捕鱼。如：

> 《诗经·国风·新台》：鱼网之设，鸿则离之。
>
> 《诗经·国风·硕人》：施罛濊濊，鳣鲔发发。《说文·网部》：罛，鱼罟也。《尔雅·释器》：鱼罟谓之罛。《说文》段注：最大罟也。
>
> 《诗经·国风·九罭》：九之鱼，鳟鲂。九罭之鱼，鳟鲂。《毛传》：九罭，緵罟，小鱼之网也。《尔雅·释器》：緵罟谓之九罭，九罭，鱼网也。

《硕人》中的"罛"指大渔网，《九罭》中的"罭"指小渔网，可见《诗经》中不仅提到了用网罟捕鱼，还已经有了不同形制的渔网。

2. 钓

钓鱼也是源于新石器时代的一种捕鱼方法，钓鱼的工具由钓竿、丝线、钓钩三部分组成。

我国最早的关于竹制钓竿的文字记载见于《诗经·国风·竹竿》："籊籊竹竿，以钓于淇"，这表明春秋战国时期，人们已经用细细的竹竿在江河中垂钓了。《毛传》训"籊籊"为"长而杀"，清代陈奂《诗毛氏传疏》："杀者纤小之称"，即指纤细的竹竿。因为纤长的竹竿伸得远且轻巧，便于收取。

钓线一般用丝线，又称作"纶"，见于《诗经·小雅·采绿》："之子于钓，言纶之绳。"《毛传》解释为"纶，钓缴也"。汉朝焦延寿的《焦氏易林》中有"钓鲤失纶"、"曳纶河海，钓鲂与鲤"以及"曳纶河海，挂钓鲂鲤"。《文心雕龙·情采》："翠纶桂耳，反所以失鱼。""纶"即指钓鱼竿上的丝线。

我国迄今发现的最早的钓鱼文物，当属陕西省西安半坡村仰韶文化遗址和黑龙江小兴凯湖岗上发现的骨制鱼钩，距今大约有六千年的历史。在全国各地的新石器时代遗址中，如黑龙江的宁安遗址、河北唐山市的大城山遗址、内蒙古自治区包头市的阿善遗址等，都发现了许多骨制鱼钩。这些鱼钩的造型多样，其中多数鱼钩磨有拴钓线的槽，有的还在钩尖下面磨出了倒刺，由此可证明，当时的垂钓活动已具有较高水平。

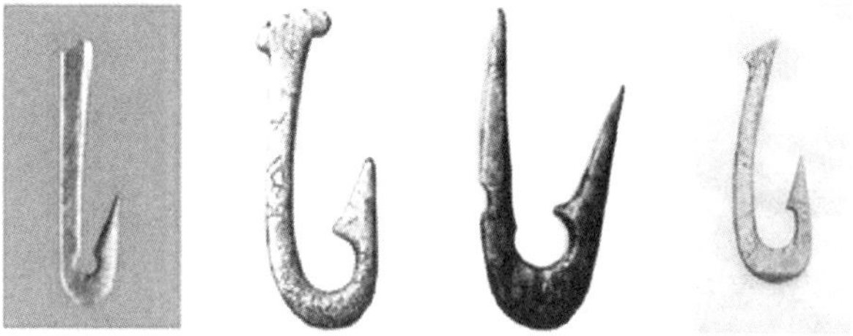

骨制鱼钩

钓鱼用的鱼钩，在商代遗址中常有发现，有铜、骨、蚌质制品。郑州二里岗出土了一件青铜鱼钩，体积较大。在藁城台西出土的两件青铜鱼钩的钩尖上有倒刺，与今日所用的鱼钩相同，其中一件的长度达到了5.9厘米。台西还出土过一件骨熏鱼钩，在系绳处有一道凹槽，以便系绳。山东济阳县邝家商代遗址曾出土一件蚌制鱼钩，钩角成70度，高6.8厘米，宽3.2厘米，系绳处有两道凹槽，有明显的使用痕迹①。

钓 diào　在甲骨文中有一字，像手持鱼竿、鱼上钩在竿上的情形，真实地反映了商代捕鱼的方法。可隶定为“鯀”字，作为动词，即钓鱼的钓。如：

弜……其每，鯀。(《合集》27946)

① 熊建平：《济阳邝家遗址出土商代蚌鱼钩》，《农业考古》1988年第2期，第282页。

姜太公钓鱼石像①

此字在甲骨文中常用作地名，大概是这里常作为人们进行垂钓之地的缘故。

历史上许多名人皆有与钓鱼相关的逸闻趣事，如歇后语“姜太公钓鱼——愿者上钩”就与人们熟知的姜太公有关。晋代苻朗《苻子·方外》中记载：“太公涓钓隐溪，五十有六年矣，而未尝得一鱼。鲁连闻之，往而观其钓焉。太公涓跪石隐崖，不饵而钓，仰咏俛吟，及暮而释竿。”《史记·齐太公世家》记载：“吕尚盖尝穷困，年老矣，以渔钓奸周西伯……于是周西伯猎，果遇太公于渭之阳。”

姜太公名尚，字子牙。吕是他的封姓，所以又叫他吕尚。据说，姜太公出身低微，前半生漂泊不定、困顿不堪，但是他却深信自己能干一番事业。当他听说周文王广施仁政、招贤纳士后，不远千里投奔周文王。不过，他并没有直接毛遂自荐，而是到渭河北岸的磻溪（今陕西宝鸡市陈仓区磻溪镇）住了下来。然后每天坐在渭水边，拿着短竿长线，线上系着竹钩，不用诱饵，钓竿离水面约三尺高，不垂到水里，一边钓鱼一边自言自语：“姜尚

① 第一个有名气的钓鱼人为舜，第二个有名气的钓鱼人为周穆王。

钓鱼，愿者上钩。”后来周文王听说年近古稀的姜尚颇有才能，亲自前往磻溪拜见他，并封他为相。

古代的诗人大多是钓鱼爱好者，他们往往将垂钓的感受写入诗歌，与别人分享他们的快乐。如李白《行路难》中有“闲来垂钓碧溪上，忽复乘舟梦日边”的佳句。杜甫在《江村》中写道：“清江一曲抱村流，长夏江村事事幽。自去自来梁上燕，相亲相近水中鸥。老妻画纸为棋局，稚子敲针作钓钩。”柳宗元也在《江雪》一诗中写下脍炙人口的佳句：“千山鸟飞绝，万径人踪灭。孤舟蓑笠翁，独钓寒江雪。”

唐代诗人张志和是人所共知的钓鱼里手。他曾隐居垂钓江湖，写下《渔歌子》五首。其中一首——“西塞山前白鹭飞，桃花流水鳜鱼肥。青箬笠，绿蓑衣，斜风细雨不须归”，至今仍被广为吟诵。明刻本《诗馀画谱》所刊的一幅《渔父》，就描绘出张志和烟波垂钓的场景。

3. 笱

笱又称为“筌”，是用竹或木条编制而成的捕鱼工具，口大，似喇叭，颈窄，且装有细竹做成的倒须，颈下为一鼓状腹，尾收缩成尖状，一般不封死，可以随时打开取鱼。捕鱼时，一般将鱼笱放置在河中水流较急的地方，以喇叭口受水，鱼顺水流从喇叭状口进入笱腹，因颈口有倒须，所以能进不能出。放置一定时间，提起笱即可得鱼。甲骨文中有一字作，正是笱在水中等待鱼进入的

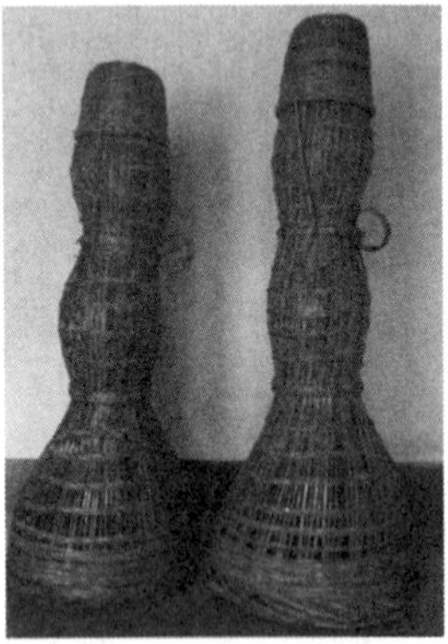
鱼笱[1]

状态，这就是“笱”字。

笱 gǒu　《说文·句部》：“笱，曲竹捕鱼笱也。”《辞海》的解释为“捕鱼的竹笼。大口窄颈，腹大而长，无底，颈部装有细竹做的倒须，捕鱼时用绳子缚住笼尾，鱼能入而不能出”。《诗经·邶风·谷风》：“毋逝我梁，毋发我笱。”《毛传》：“笱，所以捕鱼也。”《诗经》中“梁”、“笱”常常配合使用，一提到“笱”，就会提到“梁”，如《齐风·敝笱》：“敝笱在梁，其鱼唯唯。”朱熹《诗集传》：“梁，堰石障水而空其中，以通鱼之往来者也。笱，以竹为器，而承梁之空以取鱼者也。”这种捕鱼的方法在《谷风》、《敝笱》、《小弁》中都出现过。唐代诗人皮日休《初冬偶作寄南阳润卿》：“迎潮预遣收鱼笱，防雪先教盖鹤笼。”

[illegible]在卜辞中作动词，其后接鱼字，应该是卜问用笱捕鱼之事：

……卜，……豢……擒……[illegible]鱼。（《合集》10474）

① 消失的民间记忆——鱼笱制作及其捕鱼方式，http：//blog. sina. com. cn/s/blog beoobb170101a20x. html.

鱼笱的使用在我国相当之早，在浙江吴兴县钱三漾的新石器时代遗址中，就发现有鱼笱的实物遗存。[①]

这种捕鱼工具现今许多地方依然在使用。台湾高山族和今日南方各地汉族中，还有人在使用。在四川还能见到用这种竹笱捕鱼的情形，人们称它为“竹笼子”。它的使用方法是在小溪流的滩口，用石头将水堵住，只留下一小口，将鱼笱放置于水口处，水从笱口流过，鱼即顺流进入笱腹。第一天黄昏放笱，次日早晨取，运气好时可得半笱鱼。

在广东五邑的乡村还能见到鱼笱。此地的鱼笱头大尾小、中间束腰、形似喇叭，不过现在已经很少有人使用了。在广东省恩平市那吉镇良皮村曾偶然发现过这稀有之物，据村民叶大伯说，相传鱼笱是一位名叫呆九的人创造的。呆九是个笨人，做什么事都呆头呆脑的，却十分擅长编织竹器，尤其是他做的捕鱼笼，颈部装有细竹须，鱼能

广东五邑乡村的鱼笱[②]

① 浙江省文物管理委员会：《吴兴钱三漾遗址一、二期发掘报告》，《考古学报》1960年第2期，第149～158页。

② 鱼笱的故事，http：//www. southcn. com/news/gdnews/nanyuetuijian/200301190246. htm。

进而不能出，新奇独特，令人叫绝。后人为纪念呆九，以其谐音，把这种鱼笼叫作鱼笱。过去在江门五邑的乡村这种工具盛行。①

4. 弓箭射鱼

除了猎取飞鸟走兽时用“射”外，古人在捕鱼时也用“射”，秦汉以前捕捉大型鱼类就主要用“射”这种方法。据《史记·秦始皇本纪》记载，秦始皇三十七年，始皇派遣方士徐市（福）入海求仙药，虽花费甚多，但数年不得，徐市担心受到谴责，于是借口“为大鲛鱼所苦，故不得至，愿请射与俱，见则以连弩射之”。于是秦始皇令“入海者赍捕巨鱼具，而自以连弩候大鱼出射之。自琅邪北至荣成山，弗见。至之罘，见巨鱼，射杀一鱼”。

汉代刘向的《说苑·正谏》对此也有记载：

弓箭射鱼

吴王欲从民饮酒，伍子胥谏曰：“不可，昔白龙下清泠之渊化为鱼，渔者豫且射中其目，白龙上诉天帝，天帝曰：‘当是之时，若安置而形?’白龙对曰：

① 鱼笱的故事，http：//www.southcn.com/news/gdnews/nanyuetuijian/200301190246.htm。

‘我下清冷之渊化为鱼。’天帝曰：‘鱼，固人之所射也；若是，豫且何罪？’夫白龙，天帝贵畜也；豫且，宋国贱臣也。白龙不化，豫且不射。今弃万乘之位而从布衣之士饮酒，臣恐其有豫且之患矣。”

从“鱼，固人之所射”这句话就可以看出，古人曾以弓箭射鱼。

《台湾内山番地风俗 · 射鱼》[①]

明代人常用带索枪射鱼。鄂伦春族、高山族、黎族常用弓箭或鱼镖射鱼。故宫博物院收藏的清代《台湾内山番地风俗 · 射鱼》的题记中写道：“射鱼。捕鱼于水清处，用三叉镖及箭射之；亦有编竹为罩、结麻为网者。小鱼熟食；大鱼则就鱼口纳盐，不剖鱼腹藏瓮中年余，生食之。”清代黄叔璥等人所著的《番社采风图考》对高山族射鱼的描述是：“社番颇精于射，又善用镖枪。……尝集社众，操镖挟矢，循水畔窥游鱼噞喁浮沫或扬鬐曳尾，辄射之，应手而得，无虚发。”

① 图片来自新浪博客，http：//blog. sina. com. cn/s/blog－53f854a50102v70c. html。

清人蓝鼎元在其《纪水沙连》一文中描写高山族人在日月潭射鱼的丰收情景："水深鱼肥且繁多，番（高山族）不用罾罟，驾蟒甲（独木舟）、挟弓矢射之，须臾盈筐。"清人郁永河在《稗海记游》中也记有"番人夫妇，乘蟒甲射鱼"的情景。由此可见，高山族人使用弓箭射鱼是比较常见的。

在黎族聚居地也曾流行以箭射鱼的方法。就是到了清代，这种古老的方法也仍在沿用。清代张庆长在《黎岐纪闻》里就曾记载："黎岐无不能射者，射必中，中可立死。每于溪边伺鱼之出入，射而取之，以为食。其获较网罟为尤捷云。"

5. 鸬鹚捕鱼

鸬鹚又称鱼鹰、乌鬼、水老乌、鱼老乌、里鱼部、鹈、鷧等，是善于潜在水中捕食的鸟类。性情温顺，不畏人，易于驯养。嘴长，末端稍曲，特别是上嘴端钩曲而尖，像齿钳，故能牢固地钳住鱼体而不致滑脱。它的潜水深度可达10米，能在水中停留30至40秒，有时可达70秒。利用鸬鹚捕鱼时，为防止其得鱼即吞食，渔人常用草圈环套其颈间，使稍大一些的鱼不能被其吞入肚中。利用鸬鹚捕鱼前，还不能让其吃饱，其有饥饿求食感时，才愿意下水捕鱼，若已吃饱，就不愿下水捕捉。

用鸬鹚捕鱼的渔民①

鸬鹚捕鱼②

鹳鱼石斧图

我国利用鸬鹚捕鱼的历史很早，在新石器时代的浙江河姆渡遗址中（距今约七千年），就发现了鸬鹚的遗骨。1978 年，在河南临汝县阎村的仰韶文化遗址的墓葬中，一件彩陶缸上绘有一把石斧和一只嘴含鱼的鸟。这幅鸟含鱼图，有的人将之命名为“鹳鱼石斧图”，这是迄今所发现的我国原始社会时期最大的一幅彩陶画。

利用鸬鹚捕鱼，在我国古代文献中不乏记载。唐朝著名诗人杜甫在诗中曾写道“家家养乌鬼，顿顿食黄鱼”，就是描写长江沿岸巫山一带人民用鸬鹚捕鱼的情景。《吴越春秋》中记载越人

---

① 图片来自新民网，http：//news. xinmin. cn/shehui/2013/04/18/19805205_ 4. html。

② 图片来自中国文艺网，http：//www. cflac. org. cn/ys. . /xwy/201208/t20120829_ 146558. html。

“鸟田”，当是以鸟捕鱼，而并非鸟助其耕种农田。虽然还未见到在商代遗址中发现鸬鹚遗骨的报告，但在殷墟妇好墓中，却出土了两件鸬鹚的雕刻品：一件为玉质，长 5 厘米，高 2.6 厘米，作伏卧状，两眼甚大，长嘴弯曲于胸前，双足屈于翼下；另一件为石质，长 40 厘米，高 28 厘米，亦作伏卧状，圆眼，长嘴紧贴于胸前，长尾略内卷。商人将鸬鹚作为雕刻题材，有可能已驯养它用作捕鱼。一项生产技术是代代相传的，新石器时代的人们可能已知驯养鸬鹚捕鱼，并传承到了商代。

二、渔猎的对象与相关汉字

甲骨文中渔猎对象的类别、数量，目前没有精确统计，渔猎所获的动物大致可分为兽类、禽类和鱼类三种。

（一）兽类及相关汉字

1. 虎

虎，俗称老虎，是陆地上最强大的猛兽，有“百兽之王”之称，虎的适应能力很强，在亚洲分布很广。

虎

虎 hǔ　甲骨文“虎”字作，为侧视图，张口露牙，利爪，长尾呈向上卷状，与“犬”字的最大区别是头部张口露牙的形状，以突出其为猛兽。从商代起，就有了猎获虎的记载，《合集》10197是一片狩猎甲骨，甲骨上记载了商王在一次狩猎中，捕获205只禽兽，其中有两只母虎和两只公虎：

乙未卜，今日王狩光，擒？允获虎二、兕一、鹿二十一、豕二、麑百二十七、虎二、兔二十三、雉二十七。十一月。（《合集》10197）

“光”是这次狩猎的地名，“虎”字从虎从匕，指雌老虎，后面的“虎二”则是指雄性老虎，因前者已经指明性别，后者就不再特别指出。在这次狩猎中，一次捕获4只老虎，还有其他201只禽兽，可见当时的狩猎规模不小。

在商代晚期的卜辞中，有记载一次性获虎三头的（《合集》37366、37463）。虎性凶猛不易猎获，因此猎获到虎时，在寝皮食肉之后，还会在虎骨上雕花刻字以作纪念。现藏于加拿大多伦多博物馆的一块雕花虎骨刻辞云：

辛酉，王田鸡麓，获大𩁹虎。在十月，隹王三祀䂂日。（《合集》37848）

这条卜辞记载了辛酉这天，商王在鸡山之麓狩猎，捕获一只大老虎，并刻辞以作纪念。该条卜辞显然是为了炫耀这次狩猎的成果。

老虎性情凶猛，力大无比，虎在中国文化中的含义是勇猛、凶恶、强大、威武。人们用“虎口”、“虎穴”比喻危险的境地；以“虎符”象征权力。古代皇帝调兵遣将必用虎符，即用青铜或者黄金做成伏虎形状的令牌，劈为两半，其中一半交给将帅，另一半由皇帝保存，只有两个虎符同时使用，才可以调兵遣将。《史记》中记载的“信陵君窃符救赵”中的“符”就是“虎符”。

虎符[1]

2. 象

象是陆地上现存最大的哺乳动物，生活在我国云南等热带地区，但在先秦时期，大象曾经生活在中原地区。

象

象 xiàng　《说文》：“长鼻牙，南越大兽，三年一乳。”甲骨文中的“象”字作，突出其长鼻的特征，与其他动物极易区别。甲骨文中有象被猎获的记载：

今夕其雨，获象。(《合集》10222)

① 图片来自千龙网，http://beijingww.qianlong.com/1470/2009/12/09/226@110656.htm。

最多一次获象达10只：

辛未王卜，贞，田往来亡灾。王占曰：吉。获象十、雉十又一。（《合集》37364）

从获象这条卜辞就可以推测出，在殷商时期，中原地区的气候温暖潮湿，适宜象群的生存。后来随着气候的变化，象群才逐渐向南方迁徙。商人捕获象以后，不断驯养，使其为人类服务，

商代的象尊[2]

有的还被驯养来驮运货物。甲骨文的发源地——河南省的简称为“豫”，就是一个人手牵着一头大象的形象。

在安阳殷墟曾发现有象坑，象的身上还系有铜铃[1]，说明象在商代时已经被驯化。有时，商王还会去“省象”（“于癸亥省象”，《合集》32954），即商王去查看象的情景。汉字中的“为”字，甲骨文作，象以手牵象之形。《吕氏春秋·古乐》：“商人服象，为

① 王宇信、杨宝成：《殷墟象坑和“殷人服象”的再探讨》，胡原宣等：《甲骨探史录》，北京：生活·读书·新知三联书店1982年版。

② 图片来自湖南省博物馆官网，http：//www. hnmuseum. com/hnmuseum/specialExhibitions/gb/zun_ 5. htm。

虐东夷”，《左传 · 定公四年》：“王使执燧象以奔吴师”，这表明古人已经使用象对敌作战。

商代已经有青铜制作的象尊，是人们用来饮酒的酒器。这说明了人们对大象的喜爱之情。

3. 兕

兕 sì　是一种与犀牛相类似的动物，甲骨文的“兕”字作，头上突出其大角之形，为一象形字。《山海经 · 海内南经》有这样的记载，“兕，西北有犀牛，其状如牛而黑”，由此可见，兕与犀牛虽然相似，但二者并非完全相同。如同形容名山大川必言仙鹤白鹭一般，古籍里要形容地方险恶，也常用“其上多犀兕虎熊之类”。

中国古文献中分兕、犀为两种动物。《山海经 · 海内南经》：“兕在舜葬东，湘水南。其状如牛，苍黑，一角。”《尔雅 · 释兽》：“兕似牛，犀似豕。”郭璞注说兕“一角青色，重千斤”，说犀“形似水牛，猪头大腹庳脚……黑色，三角一在顶上、一在额上、一在鼻上”。《左传》疏引刘欣期《交州记》，曰：“兕出九德，有一角，角长三尺余，形如马鞭柄。按兕角可为酒觵。《诗经 · 卷耳》：‘我姑酌彼兕觥。’《韩诗说》：‘以兕角为之，容五升。’盖兕角

兕

之巨可知，然则一角之兽而其角又特大者当为兕之形亦皎然无疑者也。”陈梦家认为兕是野牛①，张政烺认为兕是青色的野牛②。丁山认为“犀兕为一声之转，二兽一物，不过是方俗的殊名”③。姚孝遂、肖丁认为兕即豸，豸、犀乃古今字，今通称作犀牛④。杨钟健、刘东生鉴定安阳殷墟出土的兽骨中有犀牛骨⑤。卜辞中“兕”为犀牛的可能性较大。甲骨文中有许多卜辞记录了对兕的猎获，有时一次获兕十一只（《合集》1030），有时甚至多达40只：

> 擒兹获兕四十、鹿二、狐一。（《合集》37375）
>
> 卯卜，庚辰王狩……擒？允擒，获兕三十又六。（《屯南》2857）

一次可以猎获40头之多，可见商末中原地区，兕是成群结队地出没于山林之间，也反映出当时狩猎规模之大，狩猎者技能之高超。北方黄河流域多兕，到春秋战国时期还是如此，《左

① 陈梦家：《殷虚卜辞综述》，北京：科学出版社1956年版，第555页。

② 张政烺：《卜辞裒田及其相关诸问题》，《考古学报》1973年第1期，第93～120页。

③ 丁山：《商周史料考证》，北京：中华书局1998年版，第175页。

④ 姚孝遂、肖丁：《小屯南地甲骨考释》，北京：中华书局1985年版，第151页。

⑤ 杨钟健、刘东生：《安阳殷墟之哺乳动物群补遗》，《中国考古学报》1949年第4期，第145～153页。

传 · 宣公二年》宋国的华元说宋国“牛皮则有，兕虎尚多”。宋国的国都就在今天的河南省商丘市。

兕还分为“白兕”（《合集》37398）、“戠兕”（《佚》518）和“大兕”（《合集》37514）等不同毛色或体态的兕。

4. 豕

豕 shǐ　甲骨文的“豕”字作，像个大肚子的猪，是象形字。古文字中“豕”和“犬”的字形比较接近，区别在于“豕”突出其鼓腹、垂尾，“犬”突出其瘦长、翘尾。

古代田猎所获及追逐的豕，皆是野猪，它与性格温顺的家养猪大不相同。野猪性情凶猛，善奔跑，不易猎获，且易伤人，所以猎人素有“一猪二虎”的说法，认为打野猪的危险性还大于打老虎。甲骨卜辞中有：

> 癸丑卜，王其逐豕，获。允获豕。（《合集》10230）

追逐豕时往往用弓箭将其射杀：

> 王其射大豕。（《合集》28307）

甲骨文有一字，象箭射穿豕的身体之形，罗振玉释作

"彘"，说："从豕，身着矢，乃彘字也。彘殆野豕，非射不可得。"[1] 野猪性凶猛，发怒时不下于虎，甲骨文中能见到的最多的获彘数量是一次射杀40只（《合集》20723）。猎获野猪的数量一般只有几只，10只以上的十分少见。甲骨文中还有"白彘"（《合集》15943、20662），彘因其凶猛，难以获取，所用动词为"伐"（《合集》21555）。

豕尊[2]

豕是中国古代主要的肉类食物，又是古代祭祀的主要祭品，豕与牛、羊是古代祭祀的大三牲。《孝经·纪孝行》："虽日用三牲之养，犹不为孝也。"邢昺疏："三牲，牛、羊、豕也。"豕又与鸡、鱼并称为小三牲。

豕（猪）在中国文化中的含义是蠢笨、懒惰、贪婪及丑陋。如《西游记》里的猪八戒，更是其中的典型形象。

5. 鹿

鹿 lù　甲骨文中的"鹿"字作，似鹿之形，枝杈状的角，

① 罗振玉撰：《殷虚书契考释》，北京：东方学会石印本1927年版，第28页。

② 图片来自湖南省博物馆官网，http://www.hnmuseum.com/hnmuseum/specialExhibitions/gb/zun.htm?columnid=0136f7d2a6f8402884833642695 82c04&preid=0136f70b7c9440288483364269582ba0。

鹿

大眼睛，轻盈的身子，跳跃的蹄子，充分表现了鹿的特征。中国古代盛产鹿，鹿温驯善良，容易捕获，从已出土的兽骨鉴定可知，在安阳殷墟有鹿、四不像鹿、斑鹿等品种①。

甲骨文中就有大量的狩猎获鹿的记录。猎鹿的方法有“狩”（《合集》10308）、“逐”（《合集》10950）、“网”（《合集》10976 正）、“射”（《合集》28339）、“阱”（《合集》10662）、“征”（《合集》10311）等。

甲骨文中还有猎获白鹿的记载：

> 壬申卜，王田惠往来无亡灾，获白鹿一。（《合集》37449）

这说明当时白色的鹿是罕见品种。

在商代时，王族非常重视逐鹿，甲骨文中有成套的卜辞反复贞问，商王也非常重视逐鹿一事。甲骨文中获鹿最多的一次是 162 头（《合集》10307），是用“狩”获得的。

---

① 杨钟健、刘东生：《安阳殷墟之哺乳动物群补遗》，《中国考古学报》1949 年第 4 期，第 145 ~ 153 页。

甲……鹿获允获十……二月。甲子卜，王不其获鹿。……丑卜……其逐鹿获？

乙丑卜，王不其获鹿，不往。乙丑卜，王不其获鹿，不往。

乙丑卜，王不其获鹿，不往。二告。

癸酉卜，王其逐鹿？癸酉卜，王不其获鹿？

丁亥卜，王我惟三十鹿，逐，允逐，获十六，一月。

我惟七鹿逐？七鹿不冎，不舌。

戊辰卜，王……逐……丙戌卜，王……不其获鹿。

我获鹿……我不其获鹿。……获……其获。戊辰卜……获……

己巳卜，王获在[illegible]兕，允获。己巳卜，王弗其获？在[illegible]兕，一月。(《合集》10950)

壬午卜，王其逐在万，鹿获？允获五。二告。壬午卜，王弗其获在万，鹿？

壬辰卜，王我获鹿？允获八豕。壬辰……不其……

丁未卜，王其逐在蚰，鹿获？允获七，一月。

戊午卜，雯陷擒？允擒二……二月。

戊午卜，雯陷，强其擒。(《合集》10951)

鹿是狩猎的主要对象，因其为珍贵之物，且备受喜爱，因而鹿也喻指帝位、国家政权。《史记 · 淮阴侯列传》:“秦失其鹿，天下共逐之。”裴骃《史记集解》引张晏曰:“以鹿喻帝位也。”“鹿”与“禄”谐音，故民间传统的吉庆图案中也多以“鹿”寄寓福气或当官受禄。“中原逐鹿”喻群雄并起，争夺天下。“鹿死谁手”以追逐野鹿比喻争夺政权，意谓天下当为何人所得，后亦比喻胜负谁属。《史记 · 秦始皇本纪》:“赵高欲为乱，恐群臣不听，乃先设验，持鹿献于二世，曰:‘马也。’二世笑曰:‘丞相误耶？谓鹿为马。’问左右，左右或默，或言马以阿顺赵高。或言鹿，高因阴中诸言鹿者以法。后群臣皆畏高。”后以“指鹿为马”比喻颠倒黑白，混淆是非。

6. 麋

麋，也叫麋鹿，它的头似马、角似鹿、尾似驴、蹄似牛，俗称“四不像”，是一种原产于中国的稀有珍贵兽类。麋鹿生活在温暖潮湿的地方，喜平原、沼泽和水域，以青草和水草为食，在长江中下游沼泽地带均有分布。麋属于鹿科，形似鹿而体大，一般体长两米多，重 300 公斤，雄性有分枝之角。后来由于自然气候的变化和人为因素，麋鹿在汉朝末年就近乎绝种。元朝时，为了以供游猎，残余的麋鹿被捕捉并被运到皇家猎苑内饲养。到 19 世纪时，只剩下在北京南海子皇家猎苑内的一群。1900 年，八国联军把最后一群麋鹿捕捉杀戮，麋鹿从此在中国消失。20 世纪 80 年代，中国建立国家级麋鹿自然保护区，并从国外引种麋鹿放养。

麋鹿

麋 mí　甲骨文的“麋”字作，小篆字形增加声符“米”，由整体象形变作“从鹿、米声”的形声字。

《急就篇》颜注“麋似鹿而大，目上有眉，因以为名也”。姚孝遂说：“实际上麋的目上有白斑，看上去似眉。”[①]猎获麋主要使用陷阱，一次所获的数量很大。甲骨文中记载，一次最多用陷阱获麋达700只（《屯南》2626），又有一次获450只（《合集》10344反），另外有获348只（《合集》10349）。商时的麋鹿甚多，且易捕捉，《逸周书·世俘解》记载周武王灭商后随之进行一次打猎，捕获麋竟达5 235头之多。《诗经·小雅·巧言》：“居河之麋”，注云“水草多谓之麋”，故又称为“水鹿”。麋是商代狩猎的主要对象，所获数量多，最多的一次曾捕获到700多头。

贞，乙亥阱，擒七百麋，用皀……（《屯南》2626）

麋，性温顺，故容易被大批猎获，遗骨在安阳殷墟有大量出

---

① 姚孝遂：《甲骨刻辞狩猎考》，四川大学历史系古文字研究室编：《古文字研究》（第6辑），北京：中华书局1981年版，第34～40页。

土。1946 年，杨钟健对殷墟 15 次发掘出土的部分兽骨进行鉴定，其中“四不像”的骨骼在 1 000 件以上。可见，当时在中原麋鹿是很多的，故周武王灭商后说在商境内，在从他降生到灭商的 60 年间，“麋鹿在牧，蜚鸿满野”。《逸周书 · 世俘解》：“武王狩，禽虎二十有二，猫二，麋五千二百三十五，犀十有二，牦七百二十有一，熊百五十有一，罴百一十有八，豕三百五十有二，貉十有八，麈十有六，麝五十，麋三十，鹿三千五百有八。”一次狩猎的数量近万头，种类有十多种，一方面反映了当时野生动物非常丰富，另一方面也说明周人狩猎的技术已相当先进。

7. 麑

麑 ní　甲骨文中“麑”作，似鹿而无角，表示幼鹿。鹿子在文献中称“麑”或“麛”。《国语 · 鲁语上》：“兽长麑麇”，韦注“鹿子曰麛”。《淮南子 · 主术训》：“先王之法，畋不掩群，不取麛夭”，注云“鹿子曰麛，麋子曰夭”。商代狩猎无“不取麛夭”的禁令，所以田猎中常常猎获麑，最多的一次捕获 159 只（《合集》10198 正），另一次捕到 127 只（《合集》10197）。

麑

……麋七十、㲋四十、麑百。（《合集》20723）

戊午卜，㱿贞，我狩敂，擒。之日狩，允擒。获虎一、鹿四十、狐一百六十四、麑一百五十九。（《合集》10198 正）

还有捕麑 199 只的：

……其擒。壬申允狩。擒。获兕六、豕十又六、麑百又九十又九。（《合集》10407 正）

这是捕获麑最多的一次。古人捕获麑之后除了食用之外，还将其皮毛制作成皮衣。《韩非子·五蠹》中的“冬日麑裘”、《论语·乡党》中的“素衣麑裘”，均说明古人常用麑皮制作衣服，不过这些裘皮大衣都是君王或贵族的专享之物。

8. 狐

狐 hú　甲骨文的“狐”字作，从犬从亡。“亡”字在甲骨文中读作“有无的‘无’”，不读作“逃亡的‘亡’”，故此字应读为“狐”，而不从“亡”音读作“豺狼的‘狼’”。杨钟健、刘东生鉴定安阳殷墟所出兽骨中有狐骨而无狼骨①。

① 杨钟健、刘东生：《安阳殷墟之哺乳动物群补遗》，《中国考古学报》1949 年第 4 期，第 145～153 页。

狐的四肢短小，尾长，多毛而蓬松，是重要的毛皮兽。狐的毛色变化很大，一般呈赤褐、黄褐或灰褐色，耳背呈黑色或黑褐色，尾尖呈白色。

狐狸

狐是商代狩猎的主要对象之一，捕获最多的一次达164只（《合集》10198正），可见狐这种动物在当时的数量并不少。从捕获狐的次数来说，仅次于鹿的次数。如：

贞，王田鸡往来亡灾……弘吉，兹御，获狐八十又六。(《合集》37471)

甲骨文中有一“裘”字，作，象一袭毛朝外的皮袄之形，是象形字，金文中加声符“求”，象形的皮袄改作从衣、求声的形声字。《说文 · 衣部》：“皮衣也。”本义为用毛皮制成的御寒衣服。甲骨文中有“裘”字，像皮毛外露之衣。裘是古代较为贵重的御寒衣物，狐皮自古是做裘衣的上等原料。《诗经 · 豳风 · 七月》：“取彼狐狸，为公子裘。”《礼记 · 月令》：“季秋之月……天子始裘。”商人大量猎获狐，当与此有关。狐裘又以白色最为珍贵，白狐稀少，在卜辞中获白狐的仅两则：

……白狐惟……（《合集》33364）

获鹿……麑二、白狐一。（《合集》37499）

白狐

捕获的白狐（《合集》33364、37499）的毛皮是十分名贵的裘皮。

9. 兔

兔 tù　甲骨文的“兔”字作，象长耳短尾之形。姚孝遂说甲骨文“麑”与“兔”字字形的区别在于“麑”字有颈，而“兔”字无颈，其首与身紧紧相连①。

兔子

兔分为家兔和野兔两种，通称兔子。古人所猎获的本是野兔，因兔是温顺胆小的草食性动物，易于驯养，所以兔子逐渐成为人们生活中的一部分，它在十二生肖里列第四位，被称为卯。

猎获兔子最多的一次是 199 只

① 姚孝遂：《甲骨刻辞狩猎考》，四川大学历史系古文字研究室编：《古文字研究》（第 6 辑），北京：中华书局 1981 年版，第 34 ~ 40 页。

（《合集》10407），甲骨卜辞中还有几条获兔74只的记录。如：

……我其狩盗……擒获兕十一、鹿七十又四、豕四、兔七十又四。（《合集》40125）

10. 猱

猱 náo　甲骨文作，象猴头和足屈曲之形，是猿的一种。它身形敏捷，善攀缘，又名“狨”或“猕猴”，因其牙齿尖锐，又称为“锐齿猱”。

卜辞中有猎获猱的记载：

……其获猱。（《合集》10468）

明冯梦龙《古今谭概》载有一则故事：

兽有猱，小而善缘，利爪。虎首痒，辄使猱爬搔之，久而成穴，虎殊快，不觉也。猱徐取其脑啖之，而以其余奉虎。虎谓其忠，益爱近之。久之，虎脑空，痛发，迹猱。猱则已走避高木。虎跳踉大吼，乃死。

综上所述，商人狩猎的对象有虎、象、兕、豕、鹿、麋、麑、狐、兔、猱等，实际种类应当不止这些。据卜辞和《逸周书·世俘解》对商代狩猎野兽种类的记载可知，除了牛、马、羊、犬四种动物外，商人狩猎的种类多达30种。[①]

猱（猕猴）

（二）禽类及相关汉字

禽 qín　甲骨文的“禽”作，是个象形字，像一种捕捉鸟类的长柄网具。《说文》：“禽，走兽总名。”《尔雅·释鸟》：“二足而羽谓之禽，四足而毛谓之兽。”《白虎通义·田猎》：“禽者何？鸟兽之总名。”古文献中对“禽”字的解释各异，而甲骨文中的“禽”除用作人名、族名、地名外，都是动词，相当于“擒”，是擒获之意，因此，卜辞中“禽”字尚无“鸟兽之总名”的意思。

1. 雉

雉 zhì　甲骨文作或，表示用箭射猎飞鸟之意。有的甲骨文，如，在“矢”上加，表示在箭上系绳，以确保射中的飞鸟落入深谷或水中时不丢失猎物。雉的大小如鸡一样，毛色五彩

---

① 杨钟健、刘东生：《安阳殷墟之哺乳动物群补遗》，《中国考古学报》1949年第4期，第145～153页。

斑斓。雄的尾长，羽毛鲜艳美丽；雌的尾短，羽毛呈黄褐色，体较小，善走而不能久飞，羽毛可作装饰品。现在雉已少见，属于受保护鸟类，禁止猎杀，已能人工饲养。汉代时，因汉高祖刘邦的妻子叫吕雉，所以避讳改雉为“野鸡”，后来雉俗称野鸡。

雉

《说文·隹部》：“雉，有十四种：卢诸雉，乔雉，鳪雉，鷩雉，秩秩海雉，翟山雉，翰雉，卓雉，伊洛而南曰翚，江淮而南曰摇，南方曰𦐊，东方曰甾，北方曰稀，西方曰蹲。从隹，矢声。”《广雅·释鸟》：“野鸡，雉也。”《诗经·邶风·雄雉》：“雄雉于飞，泄泄其羽。”明李时珍《本草纲目·禽二·雉》：“雉，南北皆有之，形大如鸡，而斑色绣异。雄者文采而尾长，雌者文暗而尾短。”

早在甲骨卜辞中，就有捕获雉的记载，其中以武丁、帝乙和帝辛时卜辞为多。武丁时一次曾获50只（《合集》40834），晚期卜辞有记载获30只的（《合集》37365）。

壬子卜，逐获鹿。获……麑一、雉五十。（《合集》40834）

《论语·乡党》中记载，有一次，孔子郊游，看见野鸡飞翔一阵后停在树上，孔子高兴地说：“山梁雌雉，时哉，时哉。”《韩诗外传》也有“献白雉于周公”的记载。

2. 隹

隹 zhuī　甲骨文作，像有羽毛的禽类，甲骨文中多作为助词，与“惟”通。晚期则为鸟的通称。甲骨文中另有，隶定作“鸟”，像长尾飞禽，描画了飞禽的喙、羽、爪。《说文·隹部》：“隹，鸟之短尾总名也。象形。凡隹之属皆从隹。”《说文·鸟部》：“鸟，长尾禽总名也。象形。鸟之足似匕，从匕。凡鸟之属皆从鸟。”

在甲骨文卜辞中，商人捕获鸟的数量相当多，一次所获有多达一二百只的。如：

获隹二百五十、象一、雉二。(《合集》41802)

早期卜辞中也有称为“鸟”的。如卜辞：

甲寅卜，呼鸣网鸟，获。丙辰风，获五。(《合集》10514)

呼取生刍鸟。(《合集》116 正)

狩猎隹的动词用“擒”、“获”，如：

擒隹百三十八、象二、雉五。(《合集》37367)

获隹百四十八、象二。(《合集》37513)

3. 雀

雀 què　甲骨文的“雀”作，会意字，从小从鸟，意为麻雀或山雀这类体积较小的鸟，也泛称小鸟。《说文·隹部》：“雀，依人小鸟也。从小隹。”甲骨文中的“雀”作人名。《诗经·召南·行露》：“谁谓雀无角，何以穿我屋。”

对雀的捕捉，一般用动词“逐”、“射”、“弹”。如：

《左传·襄公二十五年》：如鹰鹯之逐鸟雀也。

《论衡·书解》：蜗弹雀则失鷃，射鹄则失雁。

《北史·列传第四》：后魏河南王曜，五岁，常射雀于道武前，中之，帝惊叹焉。

山雀

麻雀

4. 燕

燕

燕 yàn　在甲骨文中作，长喙尤其突出，象展翅飞翔于云际之形。燕子的翅膀尖而长，尾巴分开像剪刀。《说文·燕部》："玄鸟也。籋口，布翄，枝尾。"《尔雅·释鸟》："燕，白脰乌。"郝懿行《尔雅义疏》："《小尔雅》云：'白项而群飞者谓之燕乌。'"

文献中对燕的狩猎用语为"逐"。如：

……擒，获燕十、豕一、麑一。往逐磬燕弗其擒？（《合集 10500》）

往逐燕？（《合集》10495）

唐代诗人温庭筠《赠郑征君家匡山首春与丞相赞皇公游止》诗中"一抛兰棹逐燕鸿，曾向江湖识谢公"，也是用的"逐燕鸿"。

《说文》中将燕称作"玄鸟"。《诗经·商颂·玄鸟》："天命玄鸟，降而生商。"出土楚简《子羔》则说商的始祖契是其母亲"有燕衔卵而措诸前，取而吞之，娠三年而划于膺而生"的。《史记·殷本纪》中记载："殷契，母曰简狄，有娀氏之女，为帝喾次妃，三人行浴，见玄鸟堕其卵，简狄取而吞之，因孕生契。"

《吕氏春秋 · 季夏纪 · 音初》："有娀氏有二佚女，为之九成之台，饮食必以鼓，帝令燕往视之，鸣若謚謚，二女爱而争搏之，覆以玉筐，少选，发而视之，燕遗二卵北飞，遂不反。二女作歌一终，曰'燕燕往飞'，实始作为北音。"

据今人研究，商代以燕为图腾。《诗经 · 商颂 · 玄鸟》中有"天命玄鸟，降而生商"，《楚辞 · 离骚》王逸注曰："玄鸟，燕也。"这是关于商起源的最珍贵的早期文献资料。晚商青铜器"玄鸟妇壶"中有（《集成》9794）一字，即"玄鸟妇"三字的合文。于省吾先生认为："玄鸟妇三字合文是研究商人图腾的唯一珍贵资料。"该壶"玄鸟妇"三字合文的含义"是作壶者系以玄鸟为图腾的妇人"，但这位妇人不是吞玄鸟卵的简狄，而"是与商人保持通婚关系的有娀氏女子"。[①] 此时的商代已进入原始社会后期，由母系氏族社会转移至父权社会，图腾信仰仅作为残余而存在。"玄鸟生商"的神话，反映的是远古时期"知其母，不知其父"的母系氏族社会的情况。《山海经 · 大荒东经》："有人曰王亥，两手操鸟，方食其头。"王亥作为商的高祖与鸟有密切关系，说明商人确以玄鸟作为氏族的图腾。

燕是一种候鸟，常常在人家屋内或屋檐下用泥做巢，往往是冬去春来，因此燕子成了春天的象征。很多诗人都把它当作春天

---

① 于省吾：《略论图腾崇拜与宗教起源和夏商图腾》，《历史研究》1959 年第 10 期，第 60 ~ 69 页。

的象征加以美化和歌颂，如白居易《钱塘湖春行》“几处早莺争暖树，谁家新燕啄春泥”、韦应物《长安遇冯着》“冥冥花正开，飏飏燕新乳”。因燕子常常雌雄颉颃，飞则相随，所以又成为爱情的象征，诗人常借燕子表现爱情的美好，传达思念情人之切，如《诗经·邶风·谷风》“燕尔新婚，如兄如弟”、《诗经·邶风·燕燕》“燕燕于飞，差池其羽，之子于归，远送于野”。人们常用“燕尔”形容新婚夫妇亲睦和美的样子，用“燕好”指男女相爱。燕子在屋檐下或梁间筑巢，被人们认为是家道兴旺发达的象征，故燕有安宁、闲居等意义。

（三）鱼类及相关汉字

渔业是古代社会经济的一个重要组成部分，鱼产品是人类早期的食物品种之一。在河南郑州二里岗的商代遗址中，出土有鱼类的骨骼和骨牙，[①] 可能是人们食后扔下的鱼骨。在安阳殷墟苗圃北地的墓葬中，发现用鱼随葬。如在编号为113的墓中的一个陶鬲内，有鱼的骨头。[②] 甲骨文中有用鱼祭神的内容。如：

贞，王令旃𠂆口取祖乙鱼，伐告于父丁、小乙、祖

---

① 河南省文化局文物工作队编著：《郑州二里冈》，北京：科学出版社1959年版，第55页。

② 中国社会科学院考古研究所编著：《殷墟发掘报告1958—1961》，北京：文物出版社1987年版，第261页。

丁、羌甲、祖辛。(《屯南》2342)

商王对渔猎生产很重视，商王常常亲自捕鱼。如：

王鱼。

勿鱼。(《合集》667 反)

辛卯卜，㱿，贞王往延鱼，若。

辛卯卜，㱿，贞王勿往延鱼，不若。(《合集》12921 正)

商人捕鱼数量最多的一次是捕获数万尾，可以推想，渔业在商代已经具有一定规模。如：

癸卯卜，㚔获鱼其三万不。(《合集》10471)

殷商时期，人们的活动区域主要在黄河流域，这里气候温暖，潮湿多雨，地面上的河流湖泊众多，为鱼类的繁衍提供了便利的条件，因而鱼类资源丰富。从出土遗物和文字材料记载可以知道，在北方黄河流域有黄颡鱼、青鱼、鲤鱼、草鱼、赤眼鳟、绨（鳃）等，在长江流域有鲤鱼、青鱼等。当然，实际存在的品种可能更加丰富，只因无材料可证而无从考知。伍献文曾对殷墟出土的鱼骨进行初步鉴定，其结论是："可确定有六种：鲻鱼、黄颡鱼、鲤鱼、青鱼、草鱼和赤眼鳟。除鲻鱼是产于江海交汇地区的咸水外，其他五种皆豫北所有之鱼……此五种鱼类分布之广，即今日河南北部尚盛产之。”①

在周代时，我国已进入农业社会，农业有了相当的发展。许多鱼类已成为人们常见的美食。传世文献中关于鱼的种类的记载更多，清代徐鼎《毛诗名物图说》一书列举了《诗经》所提及的鱼的种类，有 19 种之多。《诗经·小雅·鱼丽》一诗中就列举了鲿、鲨、鲂、鳢、鰋、鲤 6 种。《诗经》中具体提到鱼名的共 13 篇②，如《诗经·邶风·谷风》、《诗经·齐风·敝笱》、《诗经·豳风·九罭》，乃至《诗经·周颂·潜》、《诗经·小雅·南有嘉鱼》、《诗经·小雅·鱼藻》中都有关于鱼的记载。

1. 鱼

鱼 yú　甲骨文作，象头、鳍、尾俱全的水中动物之形。《说文·鱼部》：“鱼，水虫也。鱼尾与燕尾相似。”

2. 鲔

在甲骨文中，捕获的鱼类一般统称为“鱼”，只有一种鱼是

① 伍献文：《记殷墟出土之鱼骨》，《中国考古学报》1949 年第 4 期，第 139 ~ 143 页。

② 李思忠：《对〈诗经〉所载鱼类的研究》，《淡水渔业》1990 年第 1 期，第 35 ~ 40 页。

被指出名称的。如：

乙未卜，贞奈获鲔，十二月，允获十六。（《合集》258）

鲔鱼

鲔 wěi　在甲骨文中作。《说文·鱼部》：“鲔，鮥也。《周礼》：‘春献王鲔。’”鲔即鲟鱼，体长3米左右，重可达千斤，是一种大型经济鱼类，肉鲜美，卵呈黑色，是一种珍贵的食材。鲟鱼是世界上现有鱼类中体型大、寿命长、最古老的一种鱼类，迄今已有2亿多年的历史，有“水中活化石之称”。20世纪50年代，在郑州商城中出土有鲟鱼骨，[①] 1987年在安阳殷墟的小屯东北甲组建筑基址群的一号灰坑中，出土有鲟鱼骨，是商人曾获鲟鱼的证据[②]。鲟鱼体型庞大，难以捕获，故商王多次占卜问能否捕获：

未卜，王，贞三卜奈幸鲔。（《合集》5330）

---

① 杨育彬著，河南考古学会编：《河南考古》，郑州：中州古籍出版社1985年版，第106页。

② 郑振香：《1987年安阳小屯村东北地的发掘》，《考古》1989年第10期，第893～905页。

“幸”字象手枷之形，是捕获、抓获之意。“三卜”是经过三次占卜。第三次占卜才得到可以捕捉到鲟鱼的吉兆，可见商人是经常捕捉这种大型鱼类的。这种有重要经济价值的大型鱼类，商人一次竟能捕获十六条之多，可见其捕鱼技术已具有相当水平。

《诗经》中有三次捕捉鲟鱼的记载：

《诗经 · 卫风 · 硕人》：施罛濊濊，鳣鲔发发。

《诗经 · 小雅 · 四月》：匪鳣匪鲔，潜逃于渊。

《周颂 · 潜》：潜有多鱼，有鳣有鲔，鲦鲿鰋鲤。

鲔鱼除了食用外，还可用于宗庙祭祀，古人还将捕获的鲟鱼进献给周王。如：

《周礼 · 天官 · 𩣡人》：春献王鲔。

《礼记 · 月令》：荐鲔于寝庙，乃为麦祈实。

《大戴礼记 · 夏小正》：祭鲔。祭不必鲔，记鲔何也？鲔之至有时，美物也。鲔者，鱼之先至者也，而其至有时，谨记其时。

3. 鲂

鲂 fáng　鲂鱼，又称鳊鱼。《说文》认为是“赤尾鱼”，《诗集传》：“鲂，鱼名，身广而薄，少力细鳞。”

鲂鱼

鳊鱼体高，侧扁，全体呈菱形，体长约 50 厘米，为体高的 2.2~2.8 倍，头很细小，背鳍高度显著大于头长。体呈青灰色，头的背面及体的背部颜色较深，侧面灰色带有浅绿色泽，腹部呈白色，各鳍均呈灰黑色。鲂鱼比较适于静水性生活，分布于我国各大水系。明李时珍《本草纲目》卷四十四："鲂鱼，处处有之，汉沔尤多。"据现代生物学家观察，鲂鱼"广泛分布于我国各地的江河、湖泊中，黑龙江、黄河、长江及珠江等水系均有"。[①]

鲂鱼是《诗经》中出现次数最多的鱼，共出现 9 次。

《诗经 · 齐风 · 敝笱》：敝笱在梁，其鱼鲂鳏。

《诗经 · 小雅 · 鱼丽》：鱼丽于罶，鲂鳢。

《诗经 · 小雅 · 采绿》：其钓维何，维鲂及鲔。

《诗经 · 陈风 · 衡门》：岂其食鱼、必河之鲂。

鲂鱼肉质嫩滑，味道鲜美，自古以来都是餐桌上的美味。杜甫《观打鱼歌》诗："鲂鱼肥美知第一。"《本草纲目》卷四十

① 高明乾、佟玉华、刘坤：《诗经动物释诂》，北京：中华书局 2005 年版，第 22 页。

四：魴鱼“腹内有肪，味最腴美。俚语云：‘伊洛鲤魴，美如牛羊。’”宋陆佃《埤雅》卷一：“洛鲤伊魴，贵于牛羊。”此类鱼较有名的是武昌鱼。《说苑·政理》：“魴也，其为鱼也博而厚味。”陆玑《毛诗义疏》中说：“魴鳏，今伊、洛、济、颍魴鱼也。广而薄脆，甜而少肉，细鳞，鱼之美者也。渔阳泉州刀口、辽东梁水魴，特肥而厚，尤美于中魴，故其乡语曰：‘居就梁水魴。’”《礼记·内则》则记载有魴鱮的烹饪方法。

4. 鱮

鱮鱼

鱮 xù　鱮鱼，即现在常见的鲢鱼。《广雅·释鱼》：“鱮，鲢也。”诗经中有5篇提到鱮鱼。《诗经·小雅·采绿》：“其钓维何，维魴及鱮。”《诗集传》：“鱮，似魴，厚而头大，或谓之鲢。”《毛诗义疏》：“鱮，似魴而大头，鱼之不美者。故里语曰：‘买鱼得鱮，不如啖茹。’徐州谓之鲢，音连。或谓之。”

鲢鱼是四大家鱼之一。体形侧扁、稍高，呈纺锤形，背部呈青灰色，两侧及腹部呈白色。头较大。眼睛位置低。鳞片细小。腹部正中角质棱自胸鳍下方直延达肛门。胸鳍不超过腹鳍基部。鲢鱼肉质鲜嫩，各鳍呈灰白色。形态和鳙鱼相似，其性急躁，善跳跃。

文献中“鲂”与“鲔”常常连在一起使用，“鲂”在《诗经》中出现9次，其中单用5次，与“鲔”连用4次。“鲂”与“鲔”是鱼类中常见的两种，在《诗经》中多为两性的隐语，既可比男性，亦可代指女性。“鲂”单独出现时，亦多为情侣的象征。[①] 后用“鲔鲂”比喻贤能的人才。

5. 鳣

鳣 zhān　鳣鱼，即鳇鱼。《尔雅·释鱼》：“鳣。”郭璞注：“鳣，大鱼，似鱏而短鼻，口在颔下，体有邪行甲，无鳞，肉黄，大者长二三丈，今江东呼为黄鱼。”《诗经·周颂·潜》：“季冬荐鱼，春献鲔也。猗与漆沮，潜有多鱼。有鳣有鲔，鲦鲿鰋鲤。”陆玑《毛诗草木虫鱼疏》：“鳣出江海，三月中从河下头来上，形似龙，锐头，口在颔下，背上腹下皆有甲。今于盟津东石碛上钩取之，大者千余斤。”

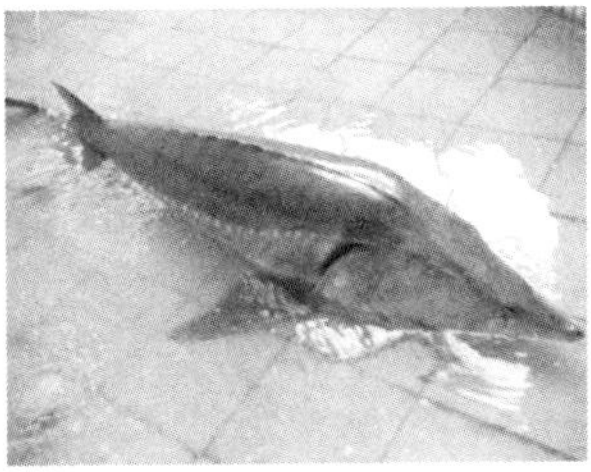

鳣鱼

《本草纲目·鳞部·鳣鱼》：“鳣出江、淮、黄河、辽海深水

① 叶修成、梁葆莉：《〈诗经〉中“鲂”“鱮”索解》，《汉字文化》2007年第5期，第71～72页。

处，无鳞，大鱼也。其状似鲟，其色灰白，其背有骨甲三行，其鼻长有须，其尾歧……其小者近百斤，其大者长二三丈，至一二千斤。”鳣鱼身躯庞大，呈圆锥形，头尾尖细，头略成三角形，吻长而较尖锐。口下位，宽大，新月形。主产于黑龙江水域，一般体重 50 ~ 100 公斤，大者在 1 000 公斤以上，为大型肉食性鱼类。

“鳣”与“鲔”常常同时出现，如：

《诗经 · 卫风 · 硕人》：施罛濊濊，鳣鲔发发。

《诗经 · 小雅 · 四月》：匪鳣匪鲔，潜逃于渊。

嵇康（汉）《酒会诗》：纤纶出鳣鲔。

刘禹锡（唐）《有獭吟》：何地无江湖，何水无鲔鳣。

杜甫（唐）《又观打鱼》：山根鳣鲔随云雷。

可见，鳣与鲔是两种分布较广的鱼类。鳇鱼是鲟鱼的一种，这种鲟鱼在某些国家叫“铁甲鲨”。

6. 鲤

鲤 lǐ　《说文 · 鱼部》：“鲤，鳣也。”朱骏声《说文通训定声》：“鳣者大鱼，似鱏而短，即今之寻黄鱼，非鲤也。”

鲤鱼，是常见的淡水鱼类，体长，稍侧扁，背苍黑，腹淡黄，尾鳍红色。口边有须两对，水底栖息，广泛分布于我国的水域中。鲤鱼有十字纹理，所以名“鲤”。死后鳞不反白。有从头至尾的胁鳞一道，不论鱼的大小都有三十六片鳞，每鳞上有小黑点。味道绝佳。

鲤鱼

殷墟遗址中已发现鲤鱼的遗骨，在湖北沙市的周梁王桥商代遗址中，出土有当时人们食后所抛弃的鱼骨，其种类除有黄河流域的鲤鱼、青鱼外，还有盛产于南方的大口鲶鱼和鳜鱼。①

从诗文中可知，鲤鱼从古至今都是席上的珍肴：

《诗经·陈风·衡门》：岂其食鱼，必河之鲤？

《诗经·小雅·六月》：饮御诸友，炰鳖脍鲤。

《诗经·小雅·鱼丽》：鱼丽于罶，鰋鲤。

《焦氏易林·需之》：曳纶江海，钓挂鲂鲤。王孙得利，以享仲友。

在唐代时，因传递的书信以尺素结成双鲤鱼形，“鲤鱼”就

① 彭锦华：《沙市周梁王桥商代遗址动物骨骼的鉴定与研究》，《农业考古》1988年第2期，第336~342页。

成了书信的代称，如：

《乐府诗集·饮马长城窟行》：客从远方来，遗我双鲤鱼。呼儿烹鲤鱼，中有尺素书。

李商隐（唐）《寄令狐郎中》：嵩云秦树久离居，双鲤迢迢一纸书。

辛弃疾（宋）《临江仙》：别浦鲤鱼何日到，锦书封恨重重。

7. 鳢

鳢鱼

鳢 lǐ 鳢鱼，《说文·鱼部》：“鳠也。”《尔雅·释鱼》：“鳢。”郭璞注：“鳢，鲖也。”《正字通》：“今乌鱼。”鳢鱼是一种淡水鱼，体圆柱形，青褐色，有三纵行黑色斑块。头扁，口大，牙尖。性情凶猛，繁殖能力强，胃口奇大，甚至能吃掉某个湖泊或池塘里的所有其他鱼类。肉肥美，可食用。2 000 年前就被《神农本草经》列为虫鱼上品。

鳢鱼还能在陆地上滑行，迁移至其他水域寻找食物，可以离水生活 3 天之久，因此陆佃《埤雅》中称鳢鱼“至难死”。鳢鱼又名黑鱼、乌鳢、鲖鱼，俗称“乌鱼”，两广地区民间俗称“花鱼”，湖北称为“才（财）鱼”，在福建沿海叫“丽鱼”，龙岩漳平叫“鬼鱼”。

《诗经·小雅·鱼丽》：鱼丽于罶，鲂鳢。

屠本畯（明）《闽中海错疏》卷上：凡鳢一尾，入人家池塘，食小鱼殆尽，人每恶而逐之。

鳢鱼有两大特点：一是十分凶猛，攻击力强；二是爱子如命，对其卵与幼鱼十分爱护，尽一切力量加以保护。据说，鳢鱼在民间被叫作孝鱼，这是因为鱼妈妈每次生鱼宝宝的时候，都会失明一段时间。这段时间，鱼妈妈不能觅食，不知道是不是出于母子天性，也许鱼宝宝们一生下来就知道鱼妈妈是为了它们才看不见，如果没有东西吃就会饿死，所以鱼宝宝争相游进鱼妈妈的嘴里，到鱼妈妈复明的时候，她的孩子已经所剩无几了。传说，鱼妈妈会绕着它们住的地方一圈一圈地游，似乎是在祭奠。所以后来人们叫鳢鱼为“孝鱼”。

8. 鳟

鳟 zūn　鳟鱼，《说文·鱼部》：“鳟：赤目鱼。”《尔雅·释鱼》：“鮅，鳟。”郭璞注：“似鲩子，赤眼。”俗称赤眼鱼，外形类似鲩鱼（草鱼），体长，略呈圆筒状，后段稍侧扁，腹部圆。体背深灰色，腹部淡黄色，体侧及背部每一鳞片基部有黑色斑，组成体侧的纵列条纹。背鳍呈深灰色，尾鳍后缘呈黑色，其他各鳍呈灰白色。鳟鱼在我国分布很广，在江河湖泊中均有分布。

鳟鱼

《诗经 · 豳风 · 九罭》：九罭之鱼，鳟鲂。朱熹注：鳟似鲆而鳞细，眼赤。

《本草纲目》：鳟鱼，处处有之。状似鲆而小，赤脉贯瞳，身圆而长，鳞细于鲜，青质赤章。好食螺蚌，善于遁网。栖息于江河流速较缓的水域或湖泊。为杂食性鱼类。

《毛诗草木虫鱼疏》：鳟似鲆鱼，而鳞细于鲆，赤眼。

张衡（汉）《七辩》：巿洛之鳟，割以为鲜。

9. 鰋

鰋 yǎn　鰋鱼，《说文 · 鱼部》："鮀也。"《尔雅 · 释鱼》："鰋。"《尔雅注》："今鰋额白鱼。"《诗经》中多次提到鰋鱼，如：

《诗经 · 周颂 · 潜》：有鳣有鲔，鲦鲿鰋鲤。

《诗经 · 小雅 · 鱼丽》：鱼丽于罶，鰋鲤。

《毛传》："鰋，鲇也。"《正字通》："鰋身圆白额，性好偃，腹平着地，故名。"《本草纲目 · 鳞部 · 鮧鱼》："鱼额平夷低偃，其涎黏滑。……鰋，偃也；鲇，黏也。古曰鰋，今曰鲇；北人曰鰋，南人曰鲇。"由此可见，鰋鱼即鲇鱼。鲇鱼，又称作胡子鲢。它的显著特征是周身无鳞，身体表面多黏液，头扁口阔，上下颌有四根胡须。鲇鱼生活在江河、湖泊以及水库的中下层，多栖息在水草丛生、水流缓慢的底层。白天多隐蔽，晚间则十分活跃，习惯游至浅水处觅食。秋后潜居于深水或污泥中越冬。鰋鱼为肉食性底栖鱼类，经常伏身于水草丛生的水底，等候小鱼接近时张口吞食，也食虾类和水生昆虫。

鰋鱼

10. 鲿

鲿 cháng　鲿鱼，《说文 · 鱼部》："鲿，扬也。"陆玑《毛诗草木虫鱼疏》："鲿，一名黄颊鱼。似燕头，身形厚而长大，颊骨正黄，鱼之大而有力解飞者。徐州人谓之扬。黄颊，通语。"陆德明《音义》："江东呼黄鲿鱼，尾微黄，大者长尺七八寸许。"朱熹《诗集传》："鲿，扬也，今黄颊鱼是也。"

鲿鱼

鲿鱼，学名叫黄颡鱼，又叫黄鲿鱼、黄颊鱼，俗称黄腊丁、黄骨鱼、黄刺公等，广布于中国东部各水系。体长，腹面平，体后半部稍侧扁，头大且扁平。吻圆钝，口裂大，上下颌均具绒毛状细齿。体背部黑褐色，体侧黄色，在静水或缓流的浅滩生活，喜藏于石头缝隙，昼伏夜出。

《诗经》的《鱼丽》："鱼丽于罶，鲿鲨"，《潜》："有鳣有鲔，鲦鲿鰋鲤"均提到鲿鱼，可见鲿鱼早在几千年前就已经成为人们餐盘中的美味。

11. 鲨

鲨 shā　鲨鱼，《尔雅·释鱼》："鲨鮀。"即吹沙鱼，又名鮀、鲨鮀，是一种生活在溪涧的小鱼。郭璞注："今吹沙小鱼，体圆而有点文。"《通雅》："鲨，吹沙小鱼，黄皮黑斑，正月先至，身前半阔而扁，后方而狭，陆氏以为狭小，非也。"《本草纲目·鳞部·鲨鱼》："此非海中沙鱼，乃南方溪涧中小鱼也。居沙沟中，吹沙而游，咂沙而食。"罗愿《尔雅翼》："鲨非特吹沙，亦止食细沙。味甚美，大者不过二斤，然不若小者之佳。今人呼为重唇，唇厚特甚，有若蛙黾，故名。今江东小溪中每春极多，土人珍之，夏则随水下，是后罕矣。大约正月先至，次则鳜至。桃花水至鳜肥，则三月矣。”

从这些描述中可以看出，文献中的鲨鱼并非海中凶猛的鲨鱼，而是一种体小而圆且带斑纹的小鱼。

《诗经·小雅·鱼丽》：鱼丽于罶，鲿鲨。

徐干（汉）《齐都赋》：罛鳣鳀，网鲤鲨，拾蠙珠，籍蛟蠵。

鲨鮀

《诗经》和《齐都赋》中所记载的“鲨”就是指的鲨鮀。广东省汕头市区位于鮀济河一侧，三面环水，过去海湾盛产鲨鮀，故称“鮀岛”。现在“鮀”在汕头的地名中仍然常见，如鮀岛、鮀浦、鮀江街道、鮀莲街道等。

12. 鲦

鲦 tiáo　鲦鱼，《广韵·萧韵》：“鲦，白鲦，鱼名。”《尔雅翼·释鱼》：“鲦，白鲦也。其形纤长而白，故曰白鲦。”《本草纲目·鳞部·鲦鱼》：“鲦，生江湖中，小鱼也。长仅数寸，形狭而扁，状如柳叶。鳞细而整，洁白可爱，性好群游。一名白鲦，一名鲹鱼。”《尔雅》：“鮂，黑鰦。”郭璞注：“即白鲦也，江东呼为鲴。”

鲦鱼

鲦鱼体细长，侧扁，背部几成直线，腹部略凸。体长15厘米左右，头尖，略呈三角形。背部淡青灰色，体侧及腹部银白色，尾鳍边缘灰黑色，其他鳍均为浅黄色。鲦鱼分布很广，生活于河流、湖泊中。从春至秋，常喜群集于沿岸水面游泳，行动迅速。

《诗经·周颂·潜》：有鳣有鲔，鲦鲿鰋鲤。

《庄子·秋水篇》：儵鱼出游。

《淮南子·览冥训》：不得其道者，若观儵鱼。

典籍中提到的鱼类还有很多，在此不再一一赘述。

三、渔猎的工具与相关汉字

据《史记·老子韩非列传》记载，相传孔子拜谒老子，返回鲁国后，对他的弟子们说：“鸟吾知其能飞，鱼吾知其能游，兽吾知其能走。走者可以为罔，游者可以为纶，飞者可以为矰。至于龙，吾不能知也。”从孔子讲的当时从事渔猎活动的三种工具便能知晓当时进行渔猎活动有三种方法，即猎兽用网、捕鱼用钓竿、打鸟用弓箭。具体来说，我国古代渔猎时用的工具有干、单、矢、网等。

（一）田猎的工具及相关汉字

1. 干、单

干 gān　甲骨文作，似叉子一类用于狩猎的工具、武器，本用于进攻，后来用于防御。《方言·卷九》：“盾，自关而东或谓之瞂，或谓之干。关西谓之盾。”《尚书·牧誓》：“称尔戈，比尔干，立尔矛，予其誓。”《荀子·解蔽》：“凤凰秋秋，其翼若干，其声若箫。”三国王粲《从军行》：“身服干戈事，岂得念

所私?"

单 dān　甲骨文作或，繁体作"單"。在武器"干"（、）的末端各加一个棱形圈，表示置于机械装置、用于发射的石球或石块，类似抛石机。"单"为原始狩猎工具。

古人类狩猎图

"干"和"单"都是古代原始狩猎的工具，实际为同一物，只是形制稍有差异而已。"干"是一根带丫杈的长木棍，在分杈的部分缚有一根短横木，或是缚上一块石头；"单"也是一根带丫杈的长木棍，所不同的是，分杈的下端纵横交错地绑上好几根短木棒，两个丫杈的顶端可能还都绑着石块。"干"、"单"既可用来搏击凶猛的野兽，又可用来防身自卫，所以后来逐渐演变为兵器中的盾。"干"与"单"是原始时代最主要的狩猎工具，"犬"是古人狩猎最得力的助手，所以狩猎的"狩"字的甲骨文写作，从干从犬；或作，从单从犬。

2. 弓、矢、矰

在人类发明火药以前，弓矢一直是狩猎的最直接有效的工具。甲骨文中的"彘"字写作或，象以矢射豕之形，表示彘是可以射猎的野猪。

弓 gōng　甲骨文作，象绷着丝弦的弓之形，意为利用有弹性的弯拱和丝弦射箭或投弹的古代战械。篆文变形作。《说文·弓部》：“弓，以近穷远。”《正字通》：“弓，揉木而弦之以发矢。”古代的弓分类很细。

《周礼·夏官·司弓矢》记载：“掌六弓、四弩、八矢之法……及其颁之，王弓、弧弓，以授射甲椹质者；夹弓、庾弓，以授射豻侯鸟兽者；唐弓、大弓，以授学射者、使者、劳者。”所谓“王弓”、“弧弓”、“夹弓”、“庾弓”、“唐弓”、“大弓”，郑玄认为是“弓异体之名也。往体寡，来体多，曰王、弧；往体多，来体寡，曰夹、庾；往体、来体若一，曰唐、大”。往体即弓体的外挠部分；来体即弓体的内向部分。

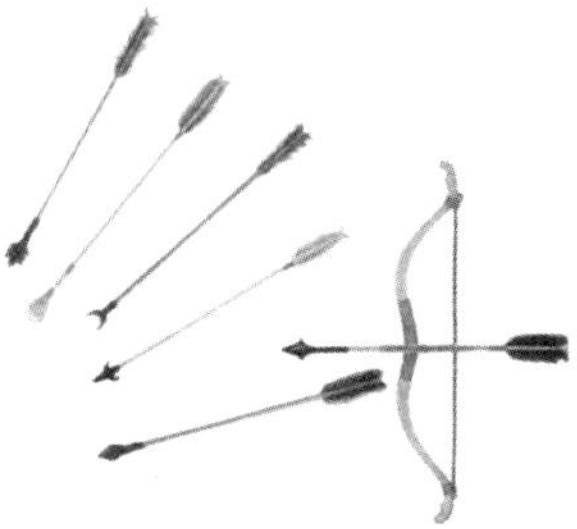

弓矢

矢 shǐ　甲骨文中“矢”作或，象有尖利锋头、平衡的旋尾的箭只之形。“射”字作，正像箭由弓发出。

甲骨文中有大量关于射猎的记载，大小野兽都可以用弓矢来射取。弓矢可以射走兽，也可以射飞禽，《周礼·夏官》有“射鸟氏”，专掌射猎飞禽之事。射猎飞禽除了用弓矢之外，还可以使用弹弓。甲骨文中有字，与“弓”字形近，即弹弓之“弹”

字的初文，表示用弓弦将圆小坚硬的丸子射出去。弹与弓的区别是，弓用来发射矢，弹则用来发射弹丸（小石块）。《吕氏春秋·贵生》：“今有人于此，以隋侯之珠，弹千仞之雀，世必笑之。”

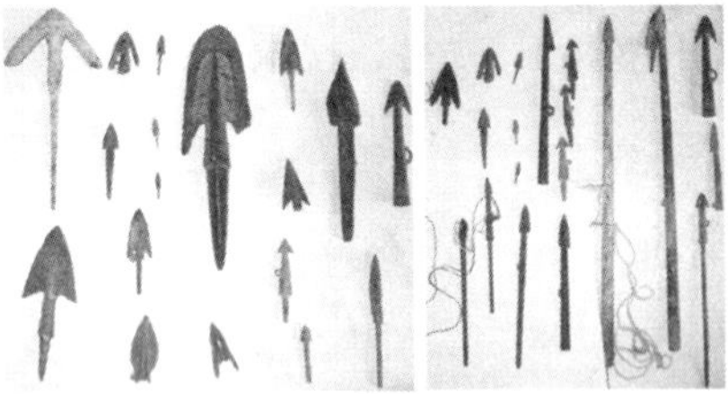

矰[1]

矰 zēng　是古人用来射鸟的拴着丝绳的短箭。缴，是拴在箭上的生丝绳。《说文·矢部》：“隿䠶矢也。”《玉篇》：“结缴于矢也。”《周礼·夏官·司弓矢》：“矰矢、茀矢用诸弋射。”在汉代画像石上，有利用矰缴进行弋射的图像（如河南南阳汉代画像），同时也有一些出土的矰。《史记·老子传》：“飞者可以为矰。”《班固·西都赋》：“矰缴相缠。”《吴越春秋》：“吴师中军素羽之矰，右军乌羽之矰。”矰，短矢。韦昭曰：“矢名。”

使用矰缴不仅可以射飞鸟类，同时还可以射鱼。

3. 戈

在商代时，田猎多以射猎为主，有时也会率众持戈与兽搏斗。

---

① 图片来自新浪博客，http：//blog. sina. com. cn/s/blog_ 48af139d0100dck4. html。

戈 gē　甲骨文作，本义是一种有钩刃的长柄武器。甲骨文中有，象以戈与虎搏斗之形，卜辞就载有王“虢虎”之事。

……日王往虢虎，允亡灾？（《合集》11450）

壬辰卜，争贞，其虢，弗其获。二告。壬辰卜，争贞，其虢，获，九月。（《合集》5516）

以戈搏虎，危险性很大，但也最能表现一个人的勇猛。殷人尚武，捕虎实为最好的证明。在这种风气下，商王有时也命勇力之士徒手捕兽。

卜辞还有：

甲寅卜，亘……呼犬登执豕。贞，弗执。（《怀》452）

甲午卜，古贞，令戎执麑，十二月。（《合集》10389）

第一条卜辞大意是贞问商王命犬登（武丁时人）去捕捉野猪，是否能擒获。野猪十分凶猛，犬登必为勇力之士，才敢徒手捕捉它。第二条卜辞是贞问商王命戎捕捉幼鹿，鹿的奔跑速度很快，“戎”（戎人）擅长奔跑，才可能捕到它。

《诗经·大雅·公刘》：乃造其曹，执豕于牢。

《石鼓文·田车》：执而勿射，君子所乐。

此外，甲骨文中还有——以戈击隹、——以棍击隹、——以戈击豕等字。

4. 网

仡佬乡苗寨山民用的捕兽网②

古代用于渔猎的网，种类很多。按捕捉对象有兽网、鸟网、渔网之分；按网的材质有葛、麻、竹之分；按形制有方圆、大小之分。《说文·网部》共有34字，新附字3字，重文12个，这37字中，有25字表示用网进行渔猎。①

由此可以看出，网是先民重要的渔猎工具，并且会针对不同的渔猎对象和猎取条件而选择不同质地、不同大小、不同形状的

① 孙玲玲：《〈说文解字〉“网”部字与古代渔猎文化》，《语文学刊》2009年第8期，第147～148页。

② 图片来自务川人，http：//www.wcren.com/html/wuchuanlvyou/minzuwenhua/gelaofengyun/fushigo/2009/0403/219.html。

网。《尔雅 · 释器》："鸟罟谓之罗，兔罟谓之罝，麋罟谓之罞，彘罟谓之羉，鱼罟谓之罛。繴谓之罿，罿，罬也。罬谓之罦，罦，覆车也。"

罟，《说文 · 网部》："罟，网也。"徐锴《说文系传》："网之总名也。"也就是说，罟是网的总名。

下面根据网的用途分类说明。

（1）捕兽之网——罝、罘、羉、罞

古人为了猎取更多的动物，会根据猎物的不同编织不同的网。常见的兽网有用于捕兔的"罝"、"罘"，捕野猪的"羉"，捕麋鹿的"罞"。

罝 jū　**罘** fú　《说文 · 网部》："罝，兔网也。""罘，兔罟也。"《尔雅 · 释器》："鸟罟谓之罗，兔罟谓之罝。"《诗经 · 周南 · 兔罝》："肃肃兔罝，施于中林。"《礼记 · 月令》："田猎罝罘，罗网毕翳。""罝"字甲骨文写作，从网从㲋，正象以网捕取野兔之形，㲋是一种体型较大、毛色青灰的野兔。"罝"作为一种专门用于捕兔的网，关于其形制，历代注释家均未具体说明。据田野调查得知，用于捕兔的网张开不到一平方米，网孔较疏，网的四周有一根扎实的细绳贯穿最外围网孔，环绕一圈后在网的任意一方的正中位置处打结，绳子的接合处系有一根削尖的细长木橛。张网时，先将木橛打入地下固定，然后再在木橛的左右两侧恰当的位置插上细竹条，以便把网张开，当野兔奔跑时不慎撞击兔网，由于冲击力，兔网就会从两侧的竹条上滑落下来，同时因为有固定好的木橛上的细绳扯住兔网四周，本是张开成四方形的兔网顷刻就变成了一个网口紧闭的网袋，兔子便无论如何也难以逃脱了。兔网一般安置在多条小路交会的路口，或是野兔出没较多的树林中，[1] 正如《诗经·周南·兔罝》中的“肃肃兔罝，施于中逵……肃肃兔罝，施于中林”。

羉 luán　甲骨文中“冡”[2] 作、，象手持毕网迎头捕捉野猪之形，当是表擒豕的专字。《尔雅·释器》：“彘罟谓之羉。”郭璞注：“羉，幕也。”邢昺疏：“彘，猪也。其网名罗羉，幕也，言幕络其身也。”

罞 máo　甲骨文中有字，上从网，下是麋的省形，以部分代整体的构形方式，这就是“罞”字。《尔雅·释器》：“麋罟谓之罞。”郭璞注：“冒其头也。罞。”邢昺疏：“麋网名罞。罞，冒也。言冒覆其头也。”《广韵·肴韵》：“罞，麋罟也。”罞，本义是指捕猎麋鹿的网，但它也可以用作动词，泛指网捕之意，所以卜辞中又多有“罞豕”之类的记载，便是泛指以网捕豕。

此外，甲骨文中的字，象以网捕虎之形。

（2）捕鸟之网——罗、毕、罦、罕、罿、罻

① 陈朝鲜：《〈诗经〉中的狩猎文化研究》，《农业考古》2010 年第 4 期，第 378～382 页。

② 甲骨文中还没有“羉”字，“羉”指捕捉野猪用的网，甲骨文为“冡”。

常见的捕鸟用的网有罗、毕、罦、罕、罿、罻等。

罗 luó　甲骨文作，上半部分是一张古代捕鸟所用的网，下半部分则是一只鸟，整个字表示飞鸟被罩在网内，本义是用丝网捕鸟。《说文·网部》："罗，以丝罟鸟也，从网从维。古者芒氏初作罗。"

《诗经·王风·兔爰》：有兔爰爰，雉离于罗……有兔爰爰，雉离于罦……有兔爰爰，雉离于罿。

《诗经·小雅·鸳鸯》：鸳鸯于飞，毕之罗之。

曹植（魏）《野田黄雀行》：不见离间雀，见鹞自投罗。

章炳麟《驳建立孔教义》：譬多张罝罗待雉兔，常试为之，无所坚信也。

"罗"描绘的是张网捕鸟的情形。小篆的"罗"字则是在甲骨文"罗"字下部"鸟"的旁边增加了一个"糸"字，即一根系鸟的丝绳。这一部件的增加，使古人捕鸟的情形更为形象地再现了出来。《周礼·夏官》记载有一种官吏叫"罗氏"，其职责便是"掌罗春鸟"，"中春罗春鸟，献鸠以养国老，行羽物"。

由于时代的发展，"罗"由小篆演变为隶书，隶书又变为楷书等，这个字逐渐被简化了。简体字中，"罒"是"网"的变形，"夕"是"鸟"形的讹变。

20世纪50年代，这种捕鸟的方式在我国南方仍保留着。每到寒冬腊月，冰雪覆盖着大地，麻雀之类的小鸟难以觅食。一些小孩便会在空地上用小木棍支起一只筛子，筛子下面撒上一把谷或米，并在小木棍上系上一根绳子。小孩拉着绳子躲在麻雀看不见的地方，待那些麻雀飞进筛子下觅食时，躲在一旁的小孩将绳子一拉，棍倒筛落，麻雀就被扣在筛子下面了。从“罗”字的结构可以推知，这种捉鸟的方法早在3 000多年前我们的先民就发明了。陈炜湛先生认为甲骨文的“罗”字描绘的正是这样一种捕鸟的方法。[①]

丰子恺为鲁迅《少年闰土》配的图[②]

鲁迅《少年闰土》中有一段：“第二日，我便要他捕鸟。他说：‘这不能。须大雪下了才好。我们沙地上，下了雪，我扫出一块空地来，用短棒支起一个大竹匾，撒下秕谷，看鸟雀来吃时，我远远地将缚在棒上的绳子只一拉，那鸟雀就罩在竹匾下了。什么都有：稻鸡，角鸡，鹁鸪，蓝背……’”从小生活在农村的人很有可能有过这样的

① 陈炜湛：《古文字趣谈》，上海：上海古籍出版社2005年版，第31页。

② 图片来自热鸟论坛，http：//www. reniao8. com/thread－443321－1－1. html。

经历。有的地方还把这种捕鸟方法称为“牵麻雀”。其实，早在3 000多年前，我们的祖先就懂得用类似的方法来捕鸟。甲骨文中的“罗”字，就明确地将这一方法记载下来。

毕 bì　甲骨文作、，象以手执长柄小网来网取禽鸟之形，造字之义是指一种狩猎用的网，《说文》“毕，田网也”、《诗经·小雅·鸳鸯》“鸳鸯于飞，毕之罗之”，便是指或用“毕”或用“罗”来捕捉鸳鸯。宋陆游《闻雁》：“不知重云外，何处避毕弋。”擒获的“擒”字初文为“禽”，甲骨文写作或，象手持毕网之形，表示用毕网来擒捕猎物。因为“禽”字象持毕之形，所以卜辞中又常常借“毕”字表擒获之义；后来又造字，从人在“毕”中，则是专为指擒俘敌人而造出的“擒”字之初文。甲骨文中还有一个从隹在“毕”中的字，写作，即“离”（罹）字的初文。“离”的本义应是指遭遇不幸，后来写作“罹”。对于猎物来说，陷于罗网便是最大的不幸，所以“离”（罹）字取象于鸟在毕网之中。从语言来说，“离”之为词，与“罗”声韵皆同，为同源词，故字形亦相属。

罦 fú　一种附设机关的捕鸟兽的网。《尔雅·释器》：“罬谓之罦。罦，覆车也。”郭璞注：“今之翻车也，有两辕，中施罥以捕鸟。”《诗经·王风·兔爰》：“有兔爰爰，雉离于罦。”宋高似孙《松江蟹舍赋》：“兔死犬烹，鸿罹于罦”。

罕 hǎn　也作罕、罕，本义是捕鸟用的长柄小网。《说文·网部》：“䍐，网也。”䍐，今作罕。《说文》段注：“《吴都赋》注曰：‘毕、䍐皆鸟网也。’按，䍐之制盖似毕。小网长柄。”《尔雅·释器》：“䍐（罕），率也。”王念孙疏证：“《说文》：‘率，捕鸟毕也，象丝网上下其竿柄也。’”汉张衡《西京赋》：“飞罕潚箾。”吕向注：“罕，鸟网也。”

罿 chōng　一种附设机关的捕鸟兽的网，又叫覆车网。《尔雅·释器》：“繴谓之罿。罿，罬也。罬谓之罦。罦，覆车也。”《诗经·王风·兔爰》：“有兔爰爰，雉离于罿。”

5. 犬、鹰

（1）犬

除了上述工具外，还有一种特殊的捕猎方法常常在田猎中使用，即猎犬和鹰。二者常常连在一起叫作“鹰犬”，指捕猎时追捕野兽的鹰和狗。

犬是与人类关系最亲密的动物，与牛、马、猪、羊、鸡并称为“六畜”，并为六畜之首。自古以来，无论是个人出猎还是群体围猎，用犬作为辅助是普遍使用的重要方式。历代的大量资料和出土文物证明远在 8 000 多年前的氏族社会，我们的祖先就已经开始驯养犬了。《说文·稽古篇》记载：“游牧时代，惟犬独多，穴居则畜犬守御，狩猎则携犬自随，因而人必畜犬。”旧石器时代，人类主要依赖大范围的群体狩猎，由于木棒、石块等武器的杀伤力不够强，猎物容易逃脱追杀，人们在狩猎中逐渐利用野生犬。犬和人合力攻击猎物，不仅成功率高，也节省了时间和人力，还可以减少野兽进行人身攻击的危险。因此，早期的人类通常携犬外出狩猎（围猎）。汉字中不少兽名以及与野兽、狩猎有关的字都从犬，如狼、狐、狸、猿、猴、狩、猎、猛、狂等。

商代已经设置犬官，犬官的职责是随时发现野生动物出没聚集的情况，并向商王报告，为商王田猎及时提供可靠的情报，同时在商王田猎时起向导作用。当时田猎可能已经开始使用猎犬。《合集》20715 卜问前往“冬鹿”，即“逐鹿”；狩，象以犬逐兽之形；“伏”的金文指猎手带着猎狗，趴卧隐蔽，伺机出击猎物。这些字也可证明殷商时期的人们在田猎时利用犬追逐野兽。《逸周书 · 皇门解》：“譬若畎，犬骄，用逐禽，其犹不克有获。”也是商周之际田猎用猎犬之证。卜辞“犬人”的得名应与他们养猎犬有关。

卜辞屡见“犬人”前来向商王报告野生动物情况的记载。

戊辰卜，才（在）浚犬中告麋，王其射，亡钱，申（擒）。(《合集》27902)

乙未卜，才盂犬告又（有）鹿。(《合集》27919 反)

乙酉卜，犬来告又（有）鹿，王往逐。(《屯南》997)

犬，杨树达先生认为相当于春秋时之“迹人”，郭沫若先生、张政烺先生均认为犬是官名，相当于《周礼》的犬人。卜辞中有向商王“告麋”、“告鹿”、“告犯”、“告兕”的用法，就是犬人分别报告当地或附近地方有麋、鹿、狼等野兽出现，为商王田猎提供兽源情况。犬人分布在许多地区，对野生动物的生活习性非常熟悉。

《诗经》的《齐风 · 卢令》、《秦风 · 驷职》以及《小雅 · 巧言》中都涉及以犬逐兽。

> 《诗经 · 齐风 · 卢令》：卢令令，其人美且仁。卢重环，其人美且鬈。卢重**鋂**，其人美且偲。
>
> 《诗经 · 秦风 · 驷驖》：游于北园，四马既闲。輶车鸾镳，载猃歇骄。
>
> 《诗经 · 小雅 · 巧言》：跃跃毚兔，遇犬获之。

三首诗中提到的“卢”、“猃”、“歇骄”以及“犬”，均是指猎犬。

《毛传》中的“卢，田犬”即指韩卢，是一种原产于韩国（战国七雄之一）的黑色名犬。卢本意为黑色；韩，指战国七雄之一的韩国，国土主要包括今山西南部及河南北部。《战国策》：“韩国卢，天下之骏犬也。”在古书中，韩卢往往与宋鹊并举。宋鹊是一种产于宋国（今河南商丘一带）的黑白花猎狗，韩卢、宋鹊均被誉为天下疾犬，后来，韩卢、宋鹊成为良犬的别称。

《广雅》：殷虞、晋獒、楚茹黄、韩卢、宋鹊，并犬属。

《战国策·秦策三》：以秦卒之勇，车骑之多，以当诸侯譬若驰韩卢而逐蹇兔也。

《艺文类聚》：譬若放韩卢而逐狡兔也。

徐渭（明）《犬》：少年猎平原，左卢右宋鹊。

《吕氏春秋》记载了这么一个故事："齐有善相狗者，其邻假以买取鼠之狗，曰：'是良狗也。'其邻畜之数年，而不能取鼠。以告相者，相者曰：'此良狗也，其志在獐麋豕鹿，不在鼠。欲其取鼠也则桎之。'其邻桎其后足，狗乃取鼠。"这说明早在先秦时期我国就有了相狗术。先秦典籍中出现了有关韩卢、周狗等天下俊犬的记载，它们或以迅疾善搏而闻名，或以勇猛凶悍而著称。

中国北方有几种比较有名的猎犬，如山东细犬、河北细犬、陕西细犬。其中山东细犬有 2 500 多年的历史，这种猎犬腿长腰细，跑得非常快，是当今中国细犬中的猎兔能手。河北细犬是我国优良的原生犬种之一，身体瘦长、前腿高直，奔跑速度极快，它那无与伦比的速度甚至能追得上平地上奔跑的兔子，所以被当地人用来猎兔。河北细犬以纯黑乌亮者为优。

山东细犬

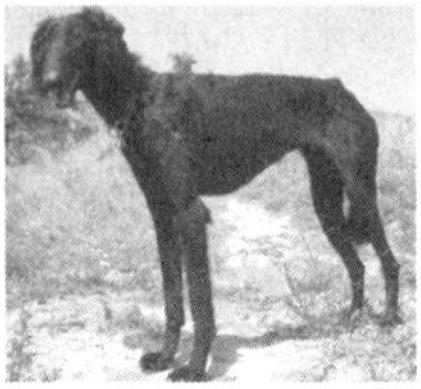

陕西细犬

河北细犬

《秦风·驷驖》中"载猃歇骄"一句出现了两种猎犬："猃"与"歇骄"。《毛传》："猃、歇骄，田犬也。长喙曰猃，短喙曰歇骄。"《说文·犬部》："猃，长喙犬。一曰黑犬黄头。"歇，通"猲"。《说文·犬部》："猲，短喙犬也。"《尔雅·释畜》："犬生三猣，二师，一玂。未成毫，狗。长喙猃，短喙猲，獢。绝有力狣，龙狗也。"也就是说，猃是长嘴的猎狗，歇骄是短嘴的猎狗。这两种狗都是猎犬，外观的区别在于嘴的长短。我国北方的陕西细犬有着悠久的历史，主要生长在陕西的关中渭南地区，这种猎犬嘴细长，腿细长，腰身细长，奔跑速度非常快，但是嗅觉相对较差，主要用来追逐、狩猎野兔。陕西当地的老猎人至今还把这种狗叫作"猃狗"。而歇骄是短嘴巴狗，短吻狗往往嗅觉出色，应该是以嗅觉搜寻追踪猎物的品种。由此看来，在那个时代，人们已会充分利用功能不同的犬种，优势互补，来进行狩猎了。

《诗经·小雅·巧言》有"遇犬获之"。郑《笺》："遇犬，犬之驯者，谓田犬也。"郑玄认为"遇犬"就是调教好的猎犬。马瑞辰在《毛诗传笺通释》中说："《尔雅·释文》引《广雅》，以殷虞为良犬名，盖谓殷之良犬名虞，犹晋獒、韩卢之比。犬之大者为獒，虞亦大也。虞、遇双声，遇当即虞之假借。”他认为“遇犬”是一种产于殷地的体型庞大的良种狗。这种狗的本领也颇为高强，“跃跃毚兔，遇犬获之”，体型较大的狡兔在它面前也难免被擒获。

犬是狩猎的得力助手，其于狩猎具有如此重要的意义，所以殷商时代即以“犬”作为负责田猎的职官之名。因此在典籍中，常有以犬助猎的记载。如：

《说文》：禽走臭而知其迹者，犬也。

《异苑》：楚王与群臣猎于云梦，纵良犬逐狡兔三日而获之。

《宋史·礼志》：太祖校猎于近郊，先出禁军为围场，五方以挚禽细犬从，帝亲射走兔三……

陈淏子（清）《花镜》：惟田犬长喙细身，毛短脚高，尾卷无毛，使之登高履险甚捷，胎三月而生，其性比他犬尤烈……故如猎者多畜焉。

我国西北阴山山脉、天山山脉等地区所发现的成千上万幅描绘古代游牧人生活的岩画中，许多狩猎场面都画有犬。

原始岩画中的狩猎图[①]

上面这幅岩画就是一幅狩猎图。岩石上凿刻着 8 只大角羊、5 峰骆驼、7 个猎人和 2 条猎狗。左边一人昂首伸颈，双臂张开，拦住去路，这些羊已不能再逃了。此人前面有一只想逃的大角羊，但被后面的猎狗紧紧追赶。中间下面一个带弓的猎人已挽弓搭箭，射中一只大角羊的后腿，羊前肢则与一匹双峰驼的头部叠在一起。上方的猎人还牵着一双峰大骆驼。右面又是一人挽弓搭箭射中了迎面而来的一只大角羊的前腿，箭杆离弦后成一条线穿过羊腿又伸出很长一部分，下方是一只大角羊和一峰骆驼。右侧两人并行，身后紧随一狗。

（2）鹰

除了犬之外，古人还用鹰作为狩猎的工具。鹰又谓鸠，亦称苍鹰。目光敏锐，性情十分凶猛，捕食能力较强。因鹰十分凶猛，不易驯服，所以驯鹰难度很大。驯鹰一般从幼鹰开始，首先

① 图片来自西域岩画资料狩猎、畜牧、农事图解，http：//agri - history. ihns. ac. cn/scholars/weisi/weisi37. htm。

经过 24 小时的“熬鹰”，也就是不许鹰睡觉，直到鹰的性情温顺为止。同时不能一次喂饱，以使它对主人有依赖性，同时又有自己捕食的能力，然后再慢慢训练其捕捉猎物。我国古代驯鹰盛行，在隋炀帝大业四年时，曾“征天下鹰师悉集东京，至者万余人”①。据考证，鹰供猎用早于鹅、鸭的驯化，在我国，至迟在公元前 700 年以前，鹰已被用于狩猎。②《礼记 · 月令》：“季夏之月……鹰乃学习。”一般认为每年的夏季是驯养鹰的时期，主要是为秋季出猎做好准备。

臂鹰出猎图

金文中有、字，王国维读作“雁”，即“鹰”字。《说文 · 隹部》：“雁，鸟也，从隹。”徐锴《说文系传》：“雁随人所指踪，故从人。”雁即“鹰”。王国维《史籀篇疏证》：“知臂鹰之俗，上古已有之矣。”③ 所谓“臂鹰之俗”，就是上古人们打猎时，让经过驯养的鹰停在猎人的肩臂上，遇见猎物时放出飞鹰去追捕。张舜徽《说文解字约注》：“古者田猎，以鹰犬逐

① （唐）李延寿撰：《北史》，北京：中华书局 1974 年版，第 495 页。

② 谢成侠编著：《中国养禽史》，北京：中国农业出版社 1995 年版，第 82 页。

③ 王国维：《史籀篇疏证》，《王国维遗书》（第 6 册），上海：上海古籍书店影印本 1983 年版，第 14 页。

捕兽，故二者皆人所常畜，鹰字从人，与伏字从犬从人同意，以二物与人为最近也。小徐谓鹰随人所指踪，盖亦就田猎时言之耳。……从人之反文，明此鸟常依人以行也。”① 由此可知，“鹰”字的构形即与驯鹰相关。

在文献典籍中，关于用鹰狩猎最早的记载是刘歆《西京杂记》中说茂陵少年李亨“以鹰鹞逐雉兔”，相当于公元前 2 世纪至 1 世纪。文献中多有利用鹰狩猎的记载，如：

《后汉书·梁冀传》：又好臂鹰走狗，骋马斗鸡。

《新唐书·姚崇传》：臣年二十，居广成泽，以呼鹰逐兽为乐。

《太平广记·报应三（金刚经）·田氏》：易州参军田氏，性好畋猎，恒养鹰犬为事。

《太平御览·人事部·谏诤》：今旦汉阳太守棱，吏卒数十人皆臂鹰牵狗。

《太平御览·宗亲·父母》：时绪请假还吴，始入西郭，值充正猎，左手臂鹰，右手牵犬。

《太平御览·学部·晚学》：父绪尝告归至吴，始入西郭，逢充猎，右臂鹰，左牵狗。

《焦氏易林·未济·师》：狡兔跃跃，良犬逐咋；雌

---

① 张舜徽：《说文解字约注》，郑州：中州书画社 1983 年版，第 44 页。

雄爰爰，为鹰所获。

苏轼（宋）《江城子 · 密州出猎》：老夫聊发少年狂。左牵黄，右擎苍，锦帽貂裘，千骑卷平冈。为报倾城随太守，亲射虎，看孙郎。　酒酣胸胆尚开张。鬓微霜，又何妨！持节云中，何日遣冯唐？会挽雕弓如满月，西北望，射天狼。

东汉曾有专门的驯鹰著作，《三国志 · 魏志 · 夏侯尚传附子玄传》裴松之注引《相印书》："仲将问长文：'从谁得法？'长文曰：'本出汉世，有《相印》、《相笏经》，又有《鹰经》、《牛经》、《马经》。'"①

西岳降灵图③

闻宥在《广汉所出永元八年砖跋——关于古代鹰猎的一则札记》一文中，谈到四川广汉出土的汉代条砖"一面为臂鹰的画像，另一面的题字明明为'永元八年'，相当于公元96年。……即遗物所见，最早为一世纪末的画像"。②该文将驯鹰的最早的出

① （晋）陈寿：《三国志》（第9卷），北京：中华书局1959年版，第304页。

② 闻宥：《广汉所出永元八年砖跋——关于古代鹰猎的一则札记》，《四川大学学报》1985年第2期，第61～62页。

③ 图片来自沈从文《中国古代服饰研究》第226页图114（上海书店出版社1997年版）。

土实物证据前推至96年。此后，汉画像石、画像砖又陆续出土并汇集出版，《中国画像石全集》中鹰猎的场景遍及中原、西南、湖北、淮北，时代均标注为东汉中晚期。

在魏晋古墓彩绘画像砖中，有大量对狩猎生活的描绘。嘉峪关墓葬彩绘砖画中表现狩猎的画面形式多样，其中有不少鹰猎、犬猎的图像。嘉峪关新城四号魏晋墓前室西壁有一幅《鹰猎图》，编号40，画面上有两名奔跑的猎人，其中一名猎人手持鹰架，放鹰飞扑逃兽。

鹰猎图[①]

鹰抓兔是魏晋猎兔的方法之一。在彩绘的壁画砖上，既有猎人用鹰抓兔的场面，也有鹰抓兔的单个形象。从猎人放鹰抓兔的情景可以推断出这些鹰并非是野生的鹰，而是猎人专门喂养用来狩猎的鹰。这表明我国自汉魏时期已开始由专门的驯鹰狩猎。

至唐朝时，这种驯鹰狩猎的风气更加盛行。唐太宗和唐玄宗就是沉溺于放鹰走狗的典范。皇宫中的大鹰坊紧邻狗坊，鹰坊里驯养四种猎鹰，其中最珍贵的是金雕。当时的西部边陲地区，专

① 图片来自郑志刚《嘉峪关魏晋古墓砖画中的训鹰狩猎图像研究》（《敦煌学辑刊》2007年第2期）。

门训练优秀的猎鹰作为贡品献给皇帝。据文献记载，咸通七年(866年)，归义军节度使张议潮献“青骹鹰四联，吐蕃女子二人，马四匹”①。

因为打猎时常常使用鹰和犬追捕禽兽，因此，古代文献中鹰、犬多连用。如：

《南史·列传第十一》：王僧达性好鹰犬。何尚掷曷仕，复膺朝命，于宅设八关齐，大集朝士，自行香，次至僧达，曰：“愿即且放鹰犬，勿复游猎。”

《三国典略》卷1：玄坦为冀州刺史，不恤人事，专为聚敛。性好畋渔，无日不出。秋冬猎禽，夏春捕水族，鹰犬常数百头，器网十余车。

《唐会要》卷50：宪宗时，每岁冬以鹰犬出近畿习狩。

龚开（元）《自题中山出游图》：谓为小猎无鹰犬，以为意行有家室。

《明史·周玺传》：陛下即位以来，鹰犬之好，糜费日甚。

① （后晋）刘煦等撰：《旧唐书》（第19卷），北京：中华书局1972年版，第135页。

同时，描写打猎场面的诗文也常常提到鹰、犬。如：

马中锡（明）《中山狼传》：赵简子大猎于山中，虞人道前，鹰犬罗后。

鹰犬狩猎图[①]

苏轼（宋）《江城子·密州出猎》：老夫聊发少年狂。左牵黄，右擎苍。

驯鹰人展示猎鹰[②]

目前在我国的东北三省、内蒙古、云南等地都保留有传统的捕鹰、驯鹰等鹰猎文化。新疆的阿合奇县苏木塔什乡是文化部命名的“猎鹰之乡”，全乡400多户牧民，几乎都会驯鹰捕猎。

① 图片来自郑志刚《嘉峪关魏晋古墓砖画中的训鹰狩猎图像研究》（《敦煌学辑刊》2007年第2期）。

② 图片来自搜狐新闻，http：//roll. sohu. com/20110321/n304618076. shtml。

（二）渔猎的工具及相关汉字

渔猎中最常用的工具是网，《诗经》的《新台》、《硕人》、《九罭》中均提到以网捕鱼的方法。古代用于捕鱼的网的种类很多，有罛、罩、罾、罶、罯、罭、罪等。

1. 罛

罛 gū　大渔网。《尔雅 · 释器》："鱼罟谓之罛。"郭璞注："罛，最大罟也。"《诗经 · 卫风 · 硕人》："施罛濊濊，鳣鲔发发。"《淮南子 · 说山》："好鱼者先具罟与罛。"清桂馥《札朴 · 乡里旧闻》："渔人投木枝以聚鱼，施罛围而取之。"《诗经》中的"鳣鲔"分别指鳇鱼和鲟鱼，均是大型鱼类。鳇鱼一般体重在 50～100 公斤，大者可在 1 000 公斤以上，鲟鱼大者达千斤。因此，像这种庞大的鱼类，一定要用大的拉网才能捕捞。大拉网是内陆水域捕捞的一种主要工具，一般适用于有一定坡度和开阔的场所，网的上下方装有浮、沉子，两端各有一根较长的曳纲。放网时，网具曳纲的一端留在岸上，其他拖带放置与岸边平行或呈弧形的半包围圈。然后用人力收拉两端曳纲和网翼包围圈，直至将整盘网具拉上岸滩，收取渔获物。大拉网后来演变成原始的围网和拖网。

2. 罭

罭 yù　捕小鱼的细眼网，通称“九罭”。《说文新附 · 网部》：“罭，鱼网也。”《尔雅 · 释器》：“緵罟谓之九罭，緵罟，鱼网也。”郭璞注：“今之百囊罟，江东谓之緵。”《诗经 · 豳风 · 九罭》：“九罭之鱼，鳟魴。”《毛传》：“九罭，緵罟，小鱼之网也。”汉张衡《西京赋》：“布九罭，设罜䍡。”

3. 罜

罜 zhǔ　小渔网。《说文 · 网部》：“罜䍡，鱼罟也。”徐锴《说文系传》：“罜䍡，小鱼网。”《国语 · 鲁语》：“鸟兽成，水虫孕，水虞于是乎禁罜䍡。”

4. 罾

罾 zēng　用竹竿或木棍作支架的方形渔网。《说文 · 网部》：“罾，鱼网也。”《说文 · 网部》：“罾，鱼网也。”徐灏注笺：“罾为方制，以曲竹交四角而中系长绳，沉于水以取鱼。”王筠《说文句读》引《风土记》：“罾，树四柱而张网于水中，如蜘蛛之网，笔而不圆。”《辞海》的解释是：“罾，一种用木棍或竹竿作支架的方形的网。”

从上面这些典籍可以知道，罾“其形如仰伞盖，四维而举之”。也就是平面铺开的一张网，四条网边分别系着四根竹竿，再用一根大竹竿连接这四根竹竿，通过扳动大竹竿将浸在水中的罾提起来，用以捕捞正好游入罾中的鱼。罾是常年设在海滩或河道固定处的一种古老渔具，也有小一点的罾，一般是40厘米见方，用一根两米长的竹竿吊着使用。小罾基本上是用于捕虾和小鱼的，人们每次放罾都会在罾网中心放少许炒米糠，放入水中约5分钟就会有小虾、小鱼来争食，提起就能收获。

罾网[①]

古诗文中有很多利用罾网捕鱼的记载。如：

《史记·陈涉世家》：乃丹书帛曰“陈胜王”，置人所罾鱼腹中。

《庄子·胠箧》：钩饵罔罟罾笱之知多，则鱼乱于水矣。

杜甫（唐）《寄刘峡州伯华使君》：林居看蚁穴，野食待鱼罾。

陆游（宋）《夜登小南门城上》：野艇鱼罾举，优场炬火明。

① 图片来自成都图片网，http：//photo. chengdu. cn/404/error. html。

姚燮（清）《迈陂塘 · 蓉江舟夜》：鱼罾晴闪枫边影，远岸沙痕一碧。

5. 罩

鱼罩

罩 zhào　罩是捕鱼用的竹笼。《诗经 · 小雅 · 南有嘉鱼》："南有嘉鱼，烝然罩罩。"罩又叫作鱼罩，由竹枝编成，圆筒形，无顶无底，上小下大，形似一个两头开口的大喇叭，是一种古老的捕鱼工具。用鱼罩抓鱼时，人站在水中，用手抓着上口，将鱼罩向水中罩下，接触水底。被罩住的鱼儿在里边轻轻一撞，握罩子的手便能明显感觉到，罩里的鱼儿也就成了"瓮中之鳖"。近年来，这种古老的捕鱼工具才渐渐淡出人们的视线。

6. 罶

罶 liǔ　是捕鱼用的竹器，又叫曲梁。《说文 · 网部》："曲梁，寡妇之笱。鱼所留也。"《诗经 · 小雅 · 鱼丽》："鱼丽于罶。"《毛传》："罶，曲梁也。"清萧凤仪《嫠妇之笱谓之罶解》："此笱实竹器，与筐笼相似，口阔颈狭，腹大而长，无底。施之，则以索束其尾，喉内编细竹而倒之，谓之曲薄，入则顺，出则逆，故鱼入其中而不能出。谓之罶者，罶，从网从留，言能留鱼而不使去也。

罶

多就曲梁施之以承其空，人不必入水，虽妇人亦能用。”唐柳宗元《晋问》：“罩罶罜䍡，织纴其间。”

7. 罪

罪 zuì　捕鱼竹网。《说文·网部》：“罪，捕鱼竹网。”

有时网的捕捉对象并不是很明确。有的网既可以捕捉飞禽，也可以捕捉走兽和鱼，如罥、罦、罤、罬、罿等就是身兼数职。不过，若用罝、毕之类的网来捕取野兽，更多的情况下是用来捕捉狐、兔之类的小兽。若要猎取大兽，就得用相应的大网。

四、渔猎的习俗与相关汉字

（一）渔猎的时节及相关汉字

古代的田猎在春夏秋冬四季举行，不同的时节有不同的名称，称为春搜、夏苗、秋狝、冬狩。历代文献中都有详细的记载。如：

《左传·隐公五年》：春搜、夏苗、秋狝、冬狩，皆于农隙以讲事也。

《谷梁传·桓公四年》：四时之田，皆为宗庙之事也。春曰田，夏曰苗，秋曰搜，冬曰狩。

《尔雅·释天》：春猎为搜，夏猎为苗，秋猎为狝，冬猎为狩。

《周礼·夏官·大司马》：中春……遂以搜田，有司表貉，誓民，鼓，遂围禁，火弊，献禽以祭社。中夏……遂以苗田，如搜之法，车弊，献禽以享礿。中秋……遂以狝田，如搜田之法，罗弊，致禽以祀祊。中冬，遂以狩田……大兽公之，小禽私之，获者取左耳，及所弊，鼓皆駴，车徒皆噪，徒乃弊，致禽馌兽于郊。入，献禽以享。

上面的文献都记载了一年打猎四次，也就是人们常说的“四时之田”。名称虽然略有不同，但都说明春夏秋冬四季均有田猎活动，而且四季的田猎活动与军事演习是密切相关的。不过，有的文献却记载一年狩猎三次。如：

《礼记·王制》：天子诸侯无事，则岁三田。

《公羊传·桓公四年》：狩者何？田狩也，春曰苗，秋曰搜，冬曰狩。……诸侯曷为必田狩？一曰干豆，二曰宾客，三百充君之庖。

《春秋繁露》：田之散名，春苗，秋搜，冬狩，夏猕。无有不皆中天意者。

三季与四季之分在于夏季不狩猎，为什么夏天不狩猎呢？因为夏天不是农闲之际。孔颖达在《周礼正义》中解释说，因夏天是动物生养的时期，夏禹依靠仁让得天下，夏天打猎不仁；另外，夏又触夏禹的名讳，所以每年夏天不能打猎。实际上，在夏朝时是一年四季都可以打猎的。

不同季节的田猎有不同的名称，这是共识，可是到底应该是什么名称、在什么时节，那就众说纷纭了。《左传·隐公五年》、《尔雅·释天》、《周礼·夏官·大司马》说的是春搜、夏苗、秋狝、冬狩。《谷梁传》则说是春田、夏苗、秋搜、冬狩。这些都是说一年打猎四次。《公羊传》则是春苗、秋搜、冬狩。（详见下表）①

不同古籍对不同季节田猎的命名

	《左传》	《尔雅》	《周礼》	《公羊传》	《谷梁传》	《春秋繁露》
春	搜	搜	搜	苗	田	苗
夏	苗	苗	苗		苗	狝
秋	狝	狝	狝	搜	搜	搜
冬	狩	狩	狩	狩	狩	狩
宵田		獠				
火田		狩				

这么多说法，都有一定的道理，一般多采用《左传·隐公五年》的说法。

另外，渔猎还必须按一定的季节进行，即只允许在一定的时期内捕鱼。《礼记·王制》："獭祭鱼，然后虞人入泽梁。豺祭兽，

① 孙健：《说说古代的"田猎"及其制度》，国学网，2008 年 3 月 19，http：//news. guoxue. com/article. php？ articleid = 15268。

然后田猎。鸠化为鹰，然后设罻罗。草木零落，然后入山林。昆虫未蛰，不可以火田。”即当10月水獭捕食鱼时，虞人才能到湖沼水泽中捕鱼；9月末到10月初，豺狼捕食野兽时，老百姓才可以田猎；8月仲秋鸠去鹰来时才可以设置捕鸟的网；初冬昆虫还未入蛰以前禁止用火田猎。

甲骨文中有关捕鱼的卜辞，大多在9月到12月。如：

乙卯卜，内，桼出鱼。不沁。九月。（《合集》20738）

庚寅卜，争贞，鱼，惟甲寅。十月。（《合集》15455）

贞，今日其雨，十月在圃鱼。（《合集》14591）

贞，其雨，十一月在圃鱼。（《合集》7897）

乙未贞，桼获鲔。十二月。（《合集》258）

从上面这些卜辞可以看出，商人捕鱼多在9~12月进行，特别是10~12月为多。古时人们很重视“顺时取物”的自然规律。《礼记 · 王制》：“獭祭鱼，然后虞人入泽梁。”孔颖达疏引《孝经纬》云：“兽蛰伏，獭祭鱼，则十月也。”10月獭祭后，才准入泽捕鱼。这是因为到了冬季，小鱼已长大，又没有母鱼产子。在这时开禁捕鱼，有利于鱼类资源的保护和合理利用。

《国语 · 鲁语上》记载了一则鲁国太史里革阻止鲁宣公在夏

天捕鱼的故事：

> 宣公夏滥于泗渊，里革断其罟而弃之，曰："古者大寒降，土蛰发，水虞于是乎讲罛罶，取名鱼，登川禽，而尝之寝庙，行诸国，助宣气也。鸟兽孕，水虫成，兽虞于是乎禁罝罗，矠鱼鳖，以为夏犒，助生阜也。鸟兽成，水虫孕，水虞于是乎禁罜䍡，设穽鄂，以实庙庖，畜功用也。且夫山不槎蘖，泽不伐夭，鱼禁鲲鲕，兽长麑䴠，鸟翼鷇卵，虫舍蚳蝝，蕃庶物也，古之训也。今鱼方别孕，不教鱼长，又行网罟，贪无艺也。"公闻之，曰："吾过而里革匡我，不亦善乎！是良罟也！为我得法。使有司藏之，使吾无忘谂。"师存侍，曰："藏罟不如置里革于侧之不忘也。"

上文中里革所讲的"土蛰发"即春天刚开始时。此时万物复苏，鱼类已经成熟长大，掌管鱼类资源的"水虞"才允许捕鱼。而当时正是"水虫孕"之时，母鱼怀孕产子，故不能捕捉。宣公不顾时节禁令，在泗水设网捕鱼，所以被里革当场割破渔网强行劝阻。里革所说的"古者"、"古之训"是来自前代的经验，从甲骨卜辞中就可以知道，商代已经有这样的制度。

根据古书记载，獭祭一年有两次，十月和正月各一次。十月獭祭如《礼记 · 王制》所讲是开禁捕鱼，正月獭祭是禁止捕鱼。

《礼记·月令》有正月“獭祭鱼”，孔颖达认为是“獭一岁再祭鱼”。正月獭祭后“虞人不得入泽梁”，以便让鱼类产卵、繁殖、生长。

据《周礼》的《天官》、《地官》记载，周代在管理河川湖泽方面，设有“川衡”、“泽虞”、“兽人”、“鳖人”、“渔人”等职。

> 《周礼·地官·川衡》：川衡掌巡川泽之禁令而平其守。以时舍其守，犯禁者，执而诛罚之。祭祀、宾客，共川奠。

“川衡”的职责是巡视河川湖泽，执行禁令，征调附近百姓保卫防护，调节平衡他们的功役，经常巡视他们的住处，申戒他们遵禁守法。对违法犯禁者，即予逮捕处罚。

> 《周礼·地官·泽虞》：泽虞掌国泽之政令，为之厉禁。使其地之人守其财物，以时入之于玉府，颁其馀于万民。凡祭祀、宾客，共泽物之奠。丧纪，共其苇蒲之事。若大田猎，则莱泽野。及弊田，植虞旌以属禽。

“泽虞”掌管国家湖泽政令禁例的制定和颁布，并负责设置藩篱界限，使当地百姓保护湖泽物产。

《周礼·天官·兽人》：兽人掌罟田兽，辨其名物。冬献狼，夏献麋，春秋献兽物。时田，则守罟。及弊田，令禽注于虞中。凡祭祀、丧纪、宾客，共其死兽、生兽。凡兽入于腊人，皮、毛、筋、角入于玉府。凡田兽者，掌其政令。

“兽人”专门执掌有关田猎的法规政令，即按照不同的季节捕猎不同的兽类，不准滥捕。

《周礼·天官·鳖人》：鳖人掌取互物，以时籍鱼、鳖、龟、蜃，凡狸物。春献鳖蜃，秋献龟鱼。

“鳖人”管理抓捕鱼、鳖、龟、蜃的有关事务，使之按一定的季节进行。

《周礼·天官·渔人》：渔人掌以时渔为梁。春献王鲔，辨鱼物，为鲜薨，以共王膳羞。凡祭祀、宾客、丧纪，共其鱼之鲜薨。凡渔者，掌其政令。凡渔征入于玉府。

“渔人”掌管有关捕鱼的政令，使人们按照季节捕鱼。

时至今日，我国仍然施行伏季休渔。根据水生资源生长、繁殖的季节习性，避开鱼类繁殖、幼苗生长的时间，规定每年 4 月至 7 月在一定的时间内，禁止任何人在规定的海域内捕鱼。不同海区、水域，每年的休渔期是不固定的。休渔可以让海洋中的鱼类有充足的繁殖和生长的时间，对鱼类的生长起到了很好的保护作用，使海洋渔业资源能够休养生息，具有明显的生态效益。

（二）渔猎的礼规

先秦时期人们已经认识到，野生动植物资源是可以再生的，这种再生是“天”即自然的活动，是自然再生产的过程。因此，它们的生长繁息和农作物、禽畜一样，是受天时制约的，其生长发育的阶段性和自然界气候变化的节律是一致的。野生动植物生长虽然普遍受天时的制约，但不同种类的野生动植物对天时的适应方式是不同的。因此先秦时期山林川泽的“禁发”，是建立在对各种野生动植物生长规律正确认识的基础上，根据“物宜”而合理安排的。

我国是传统的礼仪之邦，统治阶级最为重视的渔猎中也有不少礼规。古代文献典籍中有非常详细的记载：

> 《礼记 · 王制》：天子诸侯无事，则岁三田，一为干豆，二为宾客，三为充君之庖。无事而不田，曰不敬。田不以礼，曰暴天物。天子不合围，诸侯不掩群。天子

杀则下大绥，诸侯杀则下小绥，大夫杀则止佐车。佐车止，则百姓田猎。獭祭鱼，然后虞人入泽梁。豺祭兽，然后田猎。鸠化为鹰，然后设罻罗。草木零落，然后入山林。昆虫未蛰，不可以火田。不麑，不卵，不杀胎，不殀夭，不覆巢。

《礼记·月令》孟春之月：禁止伐木，毋覆巢，毋杀孩虫、胎夭、飞鸟，毋麛毋卵。

《史记·周穆王世家》：王田不取群。《正义》曹大家云：群，众，粲，皆多之名也。田猎得三兽，王不尽收，以其害深也。

贾宜（汉）《新书·礼》：礼，圣王之于禽兽也，见其生，不忍见其死，闻其声，不尝其肉，隐弗忍也。故远庖厨，仁之至也。不合围，不掩群，不射宿，不涸泽。豺不祭兽，不田猎；獭不祭鱼，不设网罟；鹰隼不鸷，眭而不逮，不出颖罗；草木不零落，斧斤不入山林；昆虫不蛰，不以火田；不麛不卵，不刳胎，不殀夭，鱼肉不入庙门；鸟兽不成毫毛，不登庖厨。取之有时，用之有节，则物蕃多。汤曰：“昔蛛蝥作罟，不高顺，不用命者，宁丁我网。”其惮害物也如是。《诗》曰：“王在灵囿，麀鹿攸伏，麀鹿濯濯，白鸟皜皜。王在灵沼，于仞鱼跃。”言德至也。圣主所在，鱼鳖禽兽犹得其所，况于人民乎！

从这些记载中我们可以知道，周代田猎有一定的礼规——天子、诸侯如果没有征战、出行、居丧等大事，每年至少要进行三次狩猎：一是为了将猎物风干后用于祭祀宗庙；二是为了招待宾客；三是为了供应君厨所需。如果没有特殊情况却不去田猎，则是对列祖列宗不敬、对宾客怠慢，会被认为是违背礼制。

从“天子不合围，诸侯不掩群”这句可以知道，天子打猎时不能四面包围，而只能从三面合围，留一个缺口供野兽逃逸，当猎物逃出这个缺口时，就不允许再追赶；诸侯打猎时，野兽群聚则不可把它们全部捕杀。总之，不管哪个等级的人，打猎时都不能一网打尽，要保留一部分动物以供繁衍。这些礼法对于保护野生动物资源、维持自然界生态平衡是有积极意义的。

“大夫杀则止佐车。佐车止，则百姓田猎。”在封建社会，等级制度是非常森严的，打猎也不例外。打猎开始时，需要按照尊卑顺序进行。天子射杀后，就放倒大绥。绥，即旗杆缀有牦牛尾的旗帜，旗杆上系红绒绦，缀若干层五彩羽，以层数为等级，专用于田猎。然后是诸侯射杀，并放倒小绥。最后是大夫射杀。大夫射杀完毕就停止驱赶野兽的佐车。佐车停止，老百姓就可以田猎了。

夏历八月鸠去鹰来时，才可以设网捕鸟；9 月末 10 月初，豺捕兽而藏于树上时，百姓才可以田猎；10 月，水獭捕鱼而后陈列于河梁时，虞人才允许开始捕鱼。昆虫尚未蛰伏时，则不可以放火烧田。

田猎时也有许多规定：不准杀害幼畜，不得毁坏鸟兽巢穴，不准取拿禽类的卵，不杀怀胎的母兽，不猎杀正在成长的小兽，也不能破坏动物的巢穴。

用今天的眼光来看，这些举措都是考虑到“可持续发展”的，不竭泽而渔，也不赶尽杀绝。我们的祖先，对于田猎无疑是重视的。而对被田猎的动物，则是持有一种爱护和保护的心理。“田不以礼，曰暴天物。”对于当时丰富的动物资源，不是一网打尽，也不是随心所欲，而是适当利用。可以说，这些举措，这种悲天悯人、敬惜生命的心理，是值得后来人效法的。

周代时，人们已经有了一定的环境保护观念，据《周礼·地官》记载，周朝在管理田猎方面，设有相应的官职。他们的职责便是执行、实施各种与保护林木水泽、限止随意渔猎有关的禁令。

《周礼·地官·迹人》：迹人掌邦田之地政，为之厉禁而守之。凡田猎者受令焉，禁麛卵者，与其毒矢射者。

“迹人”掌管邦中政府和私人田猎地方的政令，用木栏围圈出范围，并制定、颁布法令，令当地人守护和遵守。禁止猎捕幼鹿，禁止取鸟卵，禁用毒箭射猎。目的是保证野生动物种群能够正常地生长延续。

《周礼 · 秋官 · 雍氏》：春令为阱擭沟渎之利于民者，秋令塞阱杜擭。禁山之为苑、泽之为沈者。

也就是说，春天下令设置有利于农民捕兽的陷阱和机关，秋天就必须填塞陷阱、撤去机关；禁止在山上设苑囿，在池泽里下毒药。

这些措施都是为了给兽类和鱼类一个休养生息的机会，避免将它们赶尽杀绝。这是周代狩猎文化中最值得珍视的一点。

《礼记 · 月令》：是月（孟夏）也，驱兽毋害五谷，毋大田猎。

孟夏驱赶野兽的目的是不让其危害庄稼，此时也不宜进行大规模的田猎活动。无节制地进行田猎活动，还会受到舆论的谴责。如齐襄公迷恋于游猎，“不听国政”，上行下效，致使齐国游猎成风，引起国人不满。

到了春秋战国时期，国君们打猎的对象也有所规定。

《左传 · 隐公五年》：鸟兽之肉不登于俎，皮革、齿牙、骨角、毛羽不登于器，则公不射，古之制也。

打猎时碰到鸟兽，若它们的肉不能够用作祭祀，皮革（比如犀牛皮)、牙齿(比如象牙)、骨头(比如野牛的肩胛)、角(比如鹿的角)、毛发(比如山羊的毛)、羽毛(比如大雁的羽毛),不能用来制成国家的重要器物,那么也就不可以射杀了。有用的就可以射杀。如果没什么用,比如蛇,打来也没什么用,那就只能饶它一命了。

《韩非子·难一》:"焚林而田,偷取多兽,后必无兽。"《史记·殷本纪》记载有这样一个故事:"汤出,见野张网四面,祝曰:'自天下四方,皆入吾网!'汤曰:'嘻!尽之矣。'乃去其三面,祝曰:'欲左,左;欲右,右。不用命,乃入吾网!'诸侯闻之,曰:'汤德至矣!及禽兽。'"这个故事说明先民们已注意到处理好狩猎与保护生态平衡的关系,这一点应是充分可信的。

渔猎活动频繁,自然会导致猎源短缺的危机,因此国家颁布法令来适当地限制民间的渔猎活动。因此古籍也有相关的记载,《吕氏春秋·孝行览·义赏》:"竭泽而渔,岂不获得?而明年无鱼;焚薮而田,岂不获得?而明年无兽。"《吕氏春秋·上农》记载当"四时之禁"之时,网罝等不敢出于门,罛罟不敢入于渊,因为会"害其时也"。在《礼记·月令》孟春之月中记载:"是月也,命月正入学习舞,乃修祭典,命祀山林川泽,牺牲无用牝。禁止伐木、无覆巢、无杀孩虫、胎夭、飞鸟。无麛无卵。"《礼记·月令》季春记载:"是月也……田猎,罝罘、罗网毕翳、餧兽之药,毋出九门……命野虞无伐桑柘。"从这些记载中可以看出,古代礼制虽然历经变化,但直到今天仍在起着作用。

（三）猎物的分配

田猎结束后，天子将所获的禽兽分赐给群臣，叫作“颁禽”。

《周礼·春官·小宗伯》：若大甸，则帅有司而馌兽于郊，遂颁禽。

郑玄注：“颁禽，谓以予群臣。《诗传》曰：‘禽虽多，择取三十焉，其余以予大夫、士，以习射于泽宫而分之。’”

《礼记·祭义》：古之道，五十不为甸徒，颁禽隆诸长者而弟达乎搜狩矣。军旅什伍，同爵则尚齿，而弟达乎军旅矣。

郑玄注：“颁之言分也。”

《诗经·小雅·车攻》：徒御不惊，大庖不盈。

《朱熹集传》：“此章言其终事严而颁禽均也。”此颁禽亦谓分予之群臣，即大夫、士也。

《诗经·小雅·鱼藻》：鱼在于藻，有颁其首。

《诗经·小雅·七月》：言私其豵，献豜于公。

《诗经·郑风·太叔于田》：袒裼暴虎，献于公所。

可见狩猎所获得的猎物，主要由贵族统治者享有，或由其来掌管分配。而且在不同的时令，应献不同的猎物。《周礼·天官·兽人》："掌罟田兽，辨其名物。冬献狼，夏献麋，春秋献鹿豕群兽。"

早在商代，就已经就有了献禽这种礼制，只不过没有形成完善的制度。从田猎卜辞中就可以看出商代确已有献禽之制。如：

乙丑卜，放贞：倪致擒二。(《铁》60.4)

己巳卜，雀致猴，允致。十二月。己巳卜，雀取，致马。(《丙》304)

丑卜……致鹿。(《库》527)

致，意为献。《周礼·大司马》："中春献禽以祭社。"郑注："献，犹致也。"又"中冬，致禽馌兽于郊。入，献禽以享䄍"。卜辞中还有"来牛"、"来马"、"来犬"、"来鹿"、"来兕"等，这也是属于献禽之列。

在古代，田猎时获的猎物如何分配也有一定的讲究。到周代时，已经形成了较为完备的田猎制度。《周礼·夏官·大司马》：

“大兽公之，小禽私之，获者取左耳。”狩猎结束时，猎获野兽的人把野兽送交给公家，捕获的小野兽归自己私有。同时把野兽的左耳割下来，清点野兽的左耳，根据获取野兽的多少来记功。向王献猎获的野兽时，有面伤的野兽不献，没有长大的幼兽不献，猎获的野兽即使很多，但每一类野兽也只能各取 30 只。射猎的野兽根据射中的位置的不同分为上杀、中杀和下杀。一般上杀的用作宗庙祭祀，中杀的用来招待宾客，下杀的送到厨房以供庖厨之需，其余的则分给士众。士众等人在泽宫里练习射箭，射中的人即使田猎时没有猎到禽兽，返时也可分到猎物；而这时射不中的人，即使田猎猎获了禽兽，也得不到猎物。以此强调以仁义为重、以勇力为贱。

西周以来，随着社会生产力进一步的发展，人口逐渐增加，土地日渐开发，山林川泽也不完全是野兽的天下了。各地诸侯为了生活所需，亦设有专司其职的官吏，使用比从前更为先进的工具来猎获更多的野兽。这样就促使中央王朝制定一套完整的制度来保障其供应。如“兽人”所司之职，要四时献兽物，用于“祭祀、丧纪、宾客，共其死兽、生兽。凡兽入于腊人，皮、毛、筋、角入于玉府”。这些主要用途和内容应当说自商代就已经有了。

西周以后，田猎在社会经济生活中仍然起着不可或缺的作用，所以王朝设官分职来管理，而且分工很细。周代的狩猎典制对历朝历代都产生了深远的影响，甚至元、明、清三朝的狩猎典制也与周代基本相同。

元代的皇帝和贵族每年初冬都要举行大猎。此时皇帝下诏，命令军队做好狩猎准备。军队按右翼、左翼和中路排好队形，由将官率领；皇帝则携带后妃、嫔妾、粮食等随军队一起出发。军队形成一个猎圈，慢慢地驱赶前面的野兽，当猎圈收缩到两三箭地的时候，士兵们便把绳索联结起来，再在绳索上面覆以毛毡，军士围着圈子停下来，肩并肩而立，猎圈中便围住了各种各样的野兽。这时，皇帝带领几骑人马首先驰入猎圈开始射猎，当他不再想射后就在猎场中央的高地下马，观看其他人射猎。当猎圈中只剩下一些伤残和弱小的野兽时，一位老者会恭敬地走近皇帝，替余下的野兽乞命，皇帝则会下诏把它们统统释放。这种从狩猎时开辟猎场，到围圈野兽，再到从皇帝开始依尊卑顺序依次狩猎的方式与周代几无两样。

五、渔猎的场所与相关汉字

1. 囿

殷末周初时，帝王、贵族、奴隶主十分喜欢在田野上进行大规模的狩猎。虽然狩猎在某种程度上可以减少农田里的害兽，但难免会波及附近的在耕农田，因而激起民愤。为了避免这种情况的发生，帝王就在王畿内划定一定大小的公私“田猎区”，即人们所说的“囿”。

囿 yòu　甲骨文作，中间的形象地描述了当时田间栽植树木果蔬的情形；金文作，中间的表示捕获的猎物。囿表示可供游猎的大型林园，指古代专为帝王游猎而建的，草木茂盛、禽兽繁生的庄园。后来，在狩猎中被活捉的野兽禽鸟须被集中驯养，而专门用来集中驯养这些动物的地方就叫作“囿”。

《说文·口部》：囿，苑有垣也。

《经诗·大雅·灵台》：王在灵囿，麀鹿攸伏。《毛传》：囿，所以域养禽兽也，天子百里，诸侯四十里。

灵囿，言灵道行于囿也。

《后汉书·班固传下》：外则因原野以作苑，顺流泉而为沼，发苹藻以潜鱼，丰圃草以毓兽，制同乎梁驺，义合乎灵囿。

《周礼》：射沼滨之高鸟，逐苑囿之走兽，此齐民之所以淫泆流湎。

《孟子·梁惠王下》：文王之囿方七十里，刍荛者往焉，雉兔者往焉，与民同之。

《说苑·立节》：昔者王田于囿。

2. 苑

苑 yuàn　篆文作，指可供帝王或贵族打猎游乐的庄园。

《说文·艸部》：苑，所以养禽兽也。

《周礼·地官·囿人疏》：古谓之囿，汉谓之苑。

《史记·殷本纪》：益广沙丘苑台，多取野兽蜚鸟置其中。

《前汉书·高帝纪》：故秦苑囿园池，令民得田之。

苑与囿常常连在一起使用。

《淮南子·原道训》：射沼滨之高鸟，逐苑囿之走兽。

《淮南衡山列传》：从上入苑囿猎，与上同车。

《滑稽列传》：始皇尝议欲大苑囿，东至函谷关，西至雍、陈仓。

《朱子语类 · 齐宣王问文王囿章》：周之盛时，虽天下山林，犹有厉禁，岂有君之苑囿，反纵刍猎恣往而不禁乎！

《文子 · 上仁》：（乱主）志专于宫室台榭，沟池苑囿，猛兽珍怪，贫民饥饿，虎狼厌刍豢，百姓冻寒。

《淮南子 · 主术训》：一日而有天下之富，处人主之势，则竭百姓之力，以奉耳目之欲，志专在宫室台榭，陂池苑囿，猛兽熊罴，玩好珍怪。

渔猎是王和贵族们的一项经常性活动。为了便于管理猎区，他们设置了一套管理体制，派专职人员进行管理。商代的这类官叫作“犬”，有“夷犬”、“画犬”、“成犬”等不同名称，这些名称均是由猎区名加上“犬”这一官名而构成。因为这类官很多，所以统称为“多犬”，他们负责管理王的猎区。犬官的任务是向王和贵族报告所在地野兽的情况，使王和贵族出猎时能有所收获，同时还要跟随王和贵族到猎区去打猎。

乙未在盂，犬告有鹿。(《合集》27919 反)

戊辰卜，在氵画，犬中告麋，王其射，亡灾，擒。（《合集》27902）

丑卜，犬来告：有麋。（《合集》33361）

唯成犬从，亡灾，擒。弘吉。（《屯南》2329）

唯祝犬从，亡灾。（《屯南》106）

贞，勿令犬延田于京。（《英》834）

商代的犬官与《周礼·地官》所记载的“迹人”的职责相当。

《周礼·地官·迹人》：“迹人掌邦田之地政，为之厉禁而守之。凡田猎者受令焉，禁麛卵者，与其毒矢射者。”郑注：“迹之言迹，知禽兽处。”迹人守护围场、防止偷猎、保护野兽、探寻踪迹，以供王狩猎。犬的嗅觉灵敏，能嗅出禽兽的踪迹，狩猎的时候常常会带犬，所以犬官才会知道禽兽的踪迹，从而禀告给王和贵族。春秋战国时期，各国已置有此官。《周礼·地官·囿人》：“囿人囿游之兽禁。牧百兽。”说明囿人的职责也是管理苑囿的禽兽。

清朝的历代皇帝都崇尚狩猎。早在努尔哈赤时期就明确规定了围猎的典制，还专门开辟了一些围场，有吉林、伯都泊、阿拉楚喀、龙岗山等处，仅吉林就有几个围场。满族入主中原之后，又在北京周围专辟了一些地方作为皇帝的围场，著名的有木兰围场。此围场在承德东北200千米处，方圆一万平方千米，是一个天然的狩猎场，设围点 72 处。皇帝经常率领文武大臣到木兰围场练习射猎，还要定期在这里举行秋猎，并把秋猎列为“秋称习武，绥服远藩”的重要庆典。乾隆、嘉庆时期“垂为家法”，成为定制。

有的研究者指出，在商代就可能已开始了人工养殖的养鱼业，有甲骨文中的“在圃鱼”为证。

乙亥卜，贞沓衣于亘，遘雨，十一月在圃鱼。

(《合集》7897)

一般认为，“圃”即是园圃，“在圃鱼”乃是在园圃内捕鱼。在人工修建的园圃内捕鱼，当然是人工养的鱼，这一解释不无道理。“卜”和“彝”都是动词，与“在圃鱼”的“鱼”字同为动词。园圃作为商王的游观地，设有养鱼的池塘，以供王观赏游乐。不过从“在圃鱼”的时间多在 10 ~ 12 月观之（参见《合集》7894、7897、14591、24376 等），应是捕捉饲养的鱼类，因按“古者”的习惯，此时正是开禁捕鱼的季节，且天寒亦不宜在水中游乐。《左传 · 隐公五年》载鲁隐公五月在棠观鱼，《国语 · 鲁语》载鲁宣公在夏天设网于泗水中捕鱼，也是带有游乐性质的。此时正值暑天，临水观鱼、捕鱼，以取其乐，与天气寒冷的10 ~ 12 月不同，所以殷墟甲骨文中的“在圃鱼”，确实透露出在商代已开始了在园圃中进行人工养鱼的信息。

西周铜器铭文中，常有在池中捕鱼的记载。如《井鼎》（《集成》2720）、《公姞鬲》（《集成》753）等都记载了在池中捕鱼之事，《公姞鼎》的铜器铭文中记载子仲等人于12月在名为“大池”的池中捕鱼，“天君”称赞公姞，命令史赏赐“公姞鱼三百”。《井鼎》记载周王7月在𡨄池里，让井一起下池捕鱼，捕鱼结束后对井“攸赐鱼”，赐给井不少鱼。

唯七月王在葊京。辛卯王渔于𡨄池，呼井从渔。攸赐鱼。对扬王休，用作宝尊鼎。

上面的铭文说明捕鱼显然已经成为一种娱乐活动，水池中的鱼应为人工饲养。甲骨文中的“在圃鱼”透露了在商代已经有了在园圃、池中人工养鱼的信息。在河南省偃师县尸乡沟发现的偃师商城，在宫城北部的中央发现有一面积为2 600平方米、深1.5米的水池，在水池内发现有陶及汉白玉制的渔网的网坠。① 这足以从考古学上证实，在水池里养鱼、捕鱼，在商代早期就已经存在。

陶朱公《养鱼经》：“威王聘朱公，问之曰：‘公住足千万，家累亿金，何术乎？’朱公曰：‘夫治生之法有五，水畜第一。所

① 杜金鹏：《偃师商城初探》，北京：中国社会科学出版社2003年版，第198～202页。

谓水畜者，鱼也。以六亩田为池，池中有九洲，即求怀子鲤鱼长三尺者二十头，壮鲤四头，以二月上旬庚日内池中水，令无声，鱼必生。所以养鲤者，不相食，易长，又贵也。'"

六、渔猎的功能与相关汉字

在原始社会时期，渔猎活动是人类获得肉类食物的主要来源。商代已经进入文明社会，其经济以农业为主体，畜牧业也已成为一个独立的经济部门，渔猎活动在经济生活中的地位大为降低，已经不再是人们获取生活材料的主要手段，而在某个时期或一部分地区成为对农业和畜牧业的一种补充。

甲骨文中已有大量关于渔猎活动的记载。关于商代人们渔猎活动的性质，《尚书·无逸》记载，自祖甲以后，“立王生则逸，生则逸，不知稼墙之艰难，不闻小人之劳，淮耽乐之从”。郭沫若认为这是商王的一种单纯的游乐活动。[①] 陈梦家也有相同的观点：“卜辞中所有关于田猎的记载，都是时王为逸乐而行的游田，并无乎生产。”[②] 日本学者岛邦男则认为“田猎是训练军队的手段”，并指出陈梦家的“卜辞中所有关于田猎的记载，都是时王为逸乐而行的游田”和吴其昌的“田猎游牧时代”之说法“都是

① 郭沫若：《中国古代社会研究》，北京：人民文学出版社 1963 年版，第 306 页。

② 陈梦家：《殷虚卜辞综述》，北京：中华书局 1956 年版，第 552 页。

不妥当的"[1]。孟世凯考察了商代的自然环境，并就商代田猎与农田开发、军事行动等的关系做了深入的探讨。他说："商代田猎区域是随着疆土开拓而渐增的，农业区域又是随着田猎区域的增加而扩大的。所以，卜辞中有的田猎地同时又是农业种植地。商代的田猎，从武丁时期来看，具有为农田除害，保护庄稼，促进农业生产和军事演习的性质。同时它还给人们提供了部分吃穿用的生活资料，也是一项不可缺少的社会生产活动。"同时他还认为"在商代这个农业较发达的社会中，它只居于从属地位，是农业和牧畜业的一项补充"[2]。

《礼记·王制》：天子诸侯无事，则岁三田，一为干豆，二为宾客，三为充君之庖。

豆，是古代用于盛食物的器皿，同时也是一种用来祭祀的礼器。所谓的"干豆"，就是把所获猎物制成肉干，放在祭祀用的豆里供奉给神——这是一个目的；第二个目的是馈赠"宾客"；第三个是"充君之庖"。这三个目的概括起来就是祭祀与食用，其实祭祀也是食用，只不过是供给神吃而已。

汉人著作对古代的田猎活动做了进一步的总结。《白虎通义》

---

① ［日］岛邦男：《殷墟卜辞研究》，台北：鼎文书局1975年版，第499页。

② 孟世凯：《殷商时代田猎活动的性质与作用》，《历史研究》1990年第4期，第95～104页。

说："王者、诸侯所以田猎者何？为田除害，上以共宗庙，下以简集士众也。"这基本与商代渔猎的情况相符。

综合文献所说及学者们的考察，渔猎具有开发土地、垦殖农田、为农田除禽兽之害、保护农作物的正常生长、促进农业生产的发展和训练军队的功能。

（一）供给生活、生产物资

1. 供以食用

古人云："民以食为天。"无论是原始社会，还是已进入文明社会的商周时期，渔猎都是社会经济生活中不可或缺的生产活动。渔猎的战利品是"君之庖"中丰盛可口的山珍野味。

渔猎时所捕获的动物能够为人们提供肉类食品。商代曾一次捕获700头麋（《屯南》2626），也有一次捕鱼达三万尾（《合集》10471）的，捕获这么大数量的野兽和鱼，显然不只是为了取乐。渔猎活动是提供肉食的重要来源，可以补充畜牧业的不足。

到了周代，人们渔猎的目的仍然是以食用为主，《周礼》中就有许多关于这点的记载。《屯·九五》"屯其膏"，李镜池释为"把肥肉储存起来"，《恒·九三》"不恒其德"，《噬嗑》卦中所说的"噬腊肉"、"噬干胏"、"噬干肉"等就是"屯其膏"之

“膏”，也就是经过腊人加工成的干肉、脯腊等。

《周礼·天官·兽人》：兽人掌罟田兽，辨其名物。冬献狼，夏献麋，春秋献兽物。时田，则守罟。及弊田，令禽注于虞中。凡祭祀、丧纪、宾客，共其死兽、生兽。凡兽入于腊人，皮、毛、筋、角入于玉府。

《周礼·天官·腊人》：腊人掌干肉。凡田兽之脯腊、膴胖之事。凡祭礼，共豆脯，荐脯膴胖，凡腊物、宾客、丧纪共其脯腊，凡干肉之事。

《周礼》中还记载了食用鱼履、龟鳖等水产品，也有专人掌管。《诗经·小雅·瓠叶》：“有兔斯首，炮之燔之，君子有酒，酌言献之。”这是讲享用兔肉的。《诗经》中还有许多篇章描述了食用禽兽鱼肉的情况。如《诗经·小雅·吉日》描写周宣王田猎，最后四句是“发彼小豝，殪此大兕。以御宾客，且以酌醴”，可以证明周人食用动物肉类相当盛行。从《诗经·小雅·六月》中的“饮御诸友，炰鳖脍鲤”，可知古人食鱼的方法。孟世杰说：“而犬马熊狼之类，亦多捕而食之。若鱼鸟牛豚羊，称五鼎之食，当时人民最嗜好焉。”①

随着渔猎技术的提高和工具的改进，古人捕获的猎物越来越

① 孟世杰：《先秦文化史》，上海：上海书店出版社1992年版，第336页。

多，人们把不怎么凶猛的动物圈养起来，以备食物缺乏时食用。甲骨文的“牢”字正描述了这种状况。甲骨文中有、、三字，分别是圈养的牛、羊、马。《周礼·天官·庖人》：“庖人掌共六畜、六兽、六禽，辨其名物。”贾公彦疏：“庖人得此六畜、六兽、六禽共与膳夫，内外饔。”《孟子·万章下》：“其后廪人供粟，庖人继肉，不以君命将之。”六畜指的是马、牛、羊、猪、狗、鸡；六兽指的是麋、鹿、熊、麕、豕、兔；六禽指的是雁、鹑、鷃、雉、鸠、鸽。可见古人的肉食品种非常丰富。

2. 用于祭祀

《左传·成公十三年》：“国之大事，在祀与戎。”祭祀和战争，在古代对于一个国家来说是同等重要的。与敌国作战，决定着国家的存亡；对祖先及神祇的祭祀，透露着对生活安定的期望。祭祀的贡奉品是让死者在另一世界享用，因此，华夏民族自古就极其重视祭祀活动。

商代时，渔猎品均可以用作祭祀，如兕、牛、虎、鹿、麋、狐、鱼。如：

戊午卜，狄，贞隹兕于大乙，隹示。（《合集》27164）

乙未卜，其禘虎于父丁。（《合集》27339）

癸卯，贞酒彡于父丁，叀鹿。（《合集》32083）

庚申卜，狄，贞王叀斿麋用。吉。(《合集》27459)

……用狐于祊。(《合集》10254)

祭 jì　甲骨文作，象以手持肉置于牌位前之形，旁边以数量不等之点象血点之形，本义为祭奉神祖，有的甲骨文加“示”() 作，突出向神祈祷。《说文 · 示部》：“祭，祭祀也。从示，以手持肉。”因此，表示祭祀名称的字多以“肉”作形旁。

豚 tún　金文作，表示用全猪祭祀。《说文 · 豕部》：“豚，小豕也。从彖省，象形。从又持肉，以给祠祀。”段注：“凡祭宗庙之礼，豕曰刚鬣，豚曰月盾肥。”

腊（臘） là　《说文 · 肉部》：“腊，冬至后三戌，腊祭百神。从肉，巤声。”意思是说，从冬至后的第三个戌日开始，晒制肉干，以之祭慰百神。

腊祭最早始于周代，不论官宦之家还是平民百姓，年底都要举行一次“岁终之祭”，规模之盛大隆重为一年中之最，这次祭祀活动的名称就叫作“腊”。据《风俗通》记载：“腊者，猎也。因猎取兽祭先祖，或者腊接也，新故交接，狎猎大祭以报功也。”古人逢腊月就要围猎，用打来的野兽进行祭祀，祭祖先、祭百神。到汉代时，“腊祭”被固定到冬至后第三个戌日。到南北朝时期，据传“腊祭”之神有八种，“腊祭”被固定到腊月初八这一天，因此有了腊八节。腊祭是中国古代重要的冬日祭祀。

《礼记·月令》：是月也，大饮烝。天子乃祈来年于天宗，大割祠于公社及门闾。腊先祖五祀，劳农以休息。

《左传·僖公五年》：虞不腊矣。

《玉烛宝典》：腊，一岁之大祭。

《独断》：腊者，岁终大祭。

《荆楚岁时记》：孔子所以预于腊宾，一岁之中盛于此节。

众所周知，殷商时期人们非常迷信。他们敬事鬼神，迷信占卜，在日常生活中，无论大事小事，几乎无事不占，无日不卜，而且无论是天神地祇还是先祖先王，都是祈求和祭祀的对象。每次祭祀时都要用动物和奴隶作为牺牲，其用牲的数量，少则一牛一牢，多则牛羊上千头。这些牺牲的来源除本国的奴隶和田猎所获的牲畜外，也有的来自圈养。有时还用动物作殉葬品，河南莫城台西商晚期遗址、殷墟周围的墓葬群都有整坑的畜兽骨骼，这便是有力的证明。卜辞中有：

辛卯贞：其求禾于河，燎三羊、沉牛二。（《屯南》943）

丁巳卜，有燎于父丁百犬、百豕，卯百牛。（《合集》32574）

丁巳卜，争贞：降替千牛？不其将哲千牛千人？（《合集》1027 正）

祭祀在当时是国家的头等大事，祭祀活动也十分频繁。在举行祭祀仪式前，要选用良好的牲畜加以饲养，这类牺牲被称为“牢”。古代帝王祭祀社稷时，牛、羊、豕三牲全备为“太牢”。

《诗经·周颂·清庙之什·我将》：我将我享，维羊维牛，维天其右之。

《礼记·少仪》：其礼，大牢（与太牢同）则以牛左肩、臂、臑折九个，少牢则以羊左肩七个，犆豕则以豕左肩五个。

《大戴礼记·曾子天圆》：诸侯之祭，牲牛，曰太牢；大夫之祭，牲羊，曰少牢。

少牢只有羊、豕，没有牛，是诸侯、卿大夫祭祀宗庙时所用的牺牲。

《左传·襄公二十二年》：祭以特羊，殷以少牢。

杜预注：“四时祀以一羊，三年盛祭以羊、豕。殷，盛也。”

《礼记 · 王制》：天子社稷皆太牢，诸侯社稷皆少牢。

欧阳修（宋）《伶官传序》：其后用兵，则遣从事以一少牢告庙，请其矢，盛以锦囊，负而前驱，及凯旋而纳之。

赵翼（清）《陔馀丛考 · 太牢少牢》：《国语》："乡举少牢。"注："少牢，羊、豕也。"则羊与豕俱称少牢矣。其不兼用二牲而专用一羊或一豕者，则曰特羊、特豕。可知太牢不专言牛、少牢不专言羊也。

在西周的铜器铭文中我们也能看到这种记载，如1993年在山西曲沃北赵晋侯墓地出土的8件楚公逆编钟，其铭曰："佳八月甲午，楚公逆祀厥先高祖考、大工、四方首。楚公逆出，求厥用祀四方首，休，多擒。"大意是讲，在八月甲午这一天，楚公逆对自己的祖先、父亲以及先世大臣和四方之神，举行用人首祭祀的典礼。

到了周代，祭祀用的牺牲主要是牛、羊、豕等家畜。狩猎的战利品也是周人祭祀用品的一个重要来源。《左传 · 隐公五年》："鸟兽之肉不登于俎，皮革、齿牙、骨角、毛羽不登于器，则公不射，古之制也。"这清楚地表明，周人会将一部分猎物用于祭祀。《谷梁传 · 桓公四年》亦指出："四时之田，皆为宗庙之事也。"《周礼 · 天官 · 兽人》亦载："凡祭祀、丧仪、宾客，共其死兽、生兽。”这些说法明确地点出了祭祀用物有的来源于狩猎。

为什么人们会喜欢用来自野外的猎物呢？《尚书大传》卷五中记载：“已有三牺，必田狩者？孝子之意，以为己子所养，不如天地自然之牲，逸豫肥美。”同时也借此向祖宗表示，小辈并不敢耽于享乐，而忘了武备。祭祀活动不但十分频繁，而且每逢重大的祭天、祭祖活动，所用的牺牲数目也多得惊人。为备不时之需，获取的猎物或者经过挑选养起来，或者直接加工成肉脯、肉干。《周礼·天官·腊人》载：“腊人掌干肉。凡田兽之脯腊、膴胖之事。凡祭祀，共豆脯，荐脯膴胖”，就反映了这一情况。

3. 制作衣物

田猎所获的野兽不仅肉可以食用，兽皮还可制成衣物为人们遮风避寒。早在原始社会时期，人们就开始将猎获的动物皮披在身上作为御寒之物。《礼记·礼运》：“未有麻丝，衣其羽皮。”《白虎通义》：“太古之时，衣皮韦，能覆前而不能覆后。”今天贵州、云南北部彝族的羊皮卦褂、纳西族的羊皮披肩，都是原始人披皮为衣的遗风。到了商代，人们对毛皮的利用，由原始时期的披皮为衣发展为制皮为衣。甲骨文中“表”字作，字形像兽毛朝外的毛皮衣服，金文加“又”旁作声符，字形作，篆文加声符，作，隶变后承篆文写作“裘”，从衣、求声。《说文》“表”字段注：“古者衣裘，谓未有麻丝，衣羽皮也。衣皮时毛在外，故裘之制，毛在外。以衣毛制为表字，示不忘古。”商代因田猎的频率较高，所获颇丰，故能得到的兽皮甚多，只是由于制作技术有限，用毛皮制作的服饰很有限，因此在甲骨文中这方面的字极少。

裘是古代较为贵重的御寒衣物。《诗经》中还提到了一些用来制作皮衣的小型兽类，这些猎物的主要用途是取其皮毛来制作皮衣、裘衣，主要有狼、狐狸、狸猫、兔等。正如《毛传》所言：“谓取狐狸皮也。狐貉之厚以居。孟冬，天子始裘。”当然，其肉也是美味佳肴。西周时，王室有专门掌管毛皮服装及有关皮革诸事的官职，《周礼》中称为“司裘”。当时天子赐给卿大夫穿的一种皮袄叫“功裘”，其做工略粗于国君所穿的“良裘”。《周礼·天官·司裘》：“季秋献功裘以待颁赐。”郑玄注：“功裘，人功微粗，谓狐青麛裘属。郑司农云：‘功裘，卿大夫所服。’”

《诗经》中有不少关于贵族身着皮毛大衣的记载。如：

《诗经·豳风·七月》：取彼狐狸，为公子裘。

《诗经·小雅·都人士》：彼都人士，狐裘黄黄。

《诗经·大雅·韩奕》：献其貔皮，赤豹黄罴。

《诗经·桧风·羔裘》：羔裘逍遥，狐裘以朝。……羔裘翱翔，狐裘在堂。

《诗经·唐风·羔裘》：羔裘豹袪，自我人居居。岂无他人？维子之故。羔裘豹褎，自我人究究。岂无他人？维子之好。

《诗经·郑风·羔裘》：羔裘如濡，洵直且侯。……羔裘豹饰，孔武有力。……羔裘晏兮，三英粲兮。

上述引文中的“狐”是指狐狸，“狸”就是豹猫，是一种身上布满铜钱斑纹的野猫，豹猫的皮毛长绒厚，御寒性强，皮毛鲜亮，以美观著称。豹猫皮制成的商品叫狸子皮，是野生细毛皮中产量较大而廉价的皮货，是我国传统的裘皮之一。

至于“貔”是哪种动物，历史上一直众说纷纭，莫衷一是。《尚书·牧誓》：“如虎如貔。”孔安国《传》：“貔，一名执夷，虎属也。”说明西汉初年的孔安国认为貔貅与虎同类。《史记·五帝本纪》：“教熊罴貔貅貙虎。”《索隐》：“《尔雅》云：‘貔，白狐’……”郭璞云：“《书》称猛士如虎如貔。貔盖豹属，亦曰执夷，白狐之云似是而非。”西汉初年的《尔雅》与晋代郭璞对于“貔”的解释显然不同。《周礼·大司徒》：“嬴物虎豹貔貙之属。”郑众：“貔即貅也，云浅毛者。若以浅毛言之则入嬴虫中。”说明东汉的郑众认为貔貅是短毛的兽。《说文》：“豹属，出貉国。”说明东汉末年的许慎认为貔貅与豹同类。陆玑给《诗经》注疏时，说：“貔似虎，或曰似熊，辽东谓之白熊。”说明晋代陆玑认为貔貅像虎又像熊，在辽东则称为白熊。《礼记·曲礼》：“貔貅。”郑玄注：“貔貅，亦挚兽也。《书》曰：如虎如貔士或为仕。”贾公彦疏：“貔貅者挚兽，猛而能击，谓虎狼之属也。貔貅，是一兽，亦有威猛也。”此处说明唐朝的贾公彦认为貔貅是一种猛兽。

“羔裘”、“狐裘”指用羊羔皮和狐狸皮做的裘皮大衣。

典籍中也多有人们穿裘的记载。

《礼记 · 玉藻》：表裘不入公门。……君之右虎裘，厥左狼裘。

《论语 · 乡党》：必表而出之。缁衣羔裘，素衣麑裘，黄衣狐裘。

《礼记 · 月令》：季秋之月……天子始裘。

《公羊传 · 桓公八年》：士不及兹四者，则冬不裘，夏不葛。

《韩非子 · 五蠹》：冬日麑裘。

所以，田猎为古人提供衣食来源，是对农业和畜牧业的补充。

4. 供役用

在饲养动物的过程中，人们逐渐发现，动物不仅可以养来吃，还可以通过驯化，成为劳作的工具。可供役用的动物主要是马、牛、象、犬等。

人们骑马始于何时，文献记载可追溯到商的先公相土时代，《世本 · 作篇》：“相土作乘马。”至商后期，周人中有言骑马者，于省吾也认为商代时已经有骑马这一现象，[1] 卜辞中有“庚午卜，贞翌日辛王其田，巴其先，擒，不雨”（《合集》27948）。王宇信则认为商代的军队中已经有骑兵队伍，商代的骑马之术已是很平常的技艺了。[2]

中国人发明车的时间很早，传说夏代就有车。考古发现商代的车已经技术成熟、结构定型。在考古发掘中，人们在河南殷墟安阳、郑州及陕西、河北、山东、安徽、四川等地均发现商代的车马坑或以车马器随葬的墓。[3] 甲骨文中“车”字作，正是这种车的写真。商人打猎时常乘坐这种马车，《合集》10405 记载，小臣驾的车出了问题，与王乘的车相撞。甲骨文中所见车数量最多的一次是六车（《合集》1452）。武丁时在征伐敌国宙时，卜辞有“旬又一日癸亥车弗𢦏”（《合集》6834），胡厚宣说这是用车作战。[4]

战国以前，车马是相连的，除牛车外，一般而言，没有无马的车，也没有无车的马。古代驾二马为骈，驾三马为骖，驾四马

① 于省吾：《殷代的交通工具和驲传制度》，《东北人民大学人文科学学报》1955 年第 2 期，第 78 ~ 114 页。

② 王宇信：《甲骨文“马”、“射”的再考察——兼驳马、射与战车相配置》，香港中文大学中国文化研究所、中国语言及文字系编：《第三届国际古文字学研讨会论文集》，香港：香港中文大学出版社 1997 年版，第 45 页。

③ 宋镇豪：《夏商社会生活史》，北京：中国社会科学出版社 1994 年版，第 227 ~ 235 页。

④ 王宇信、杨升南主编：《甲骨学一百年》，北京：中国社会科学出版社 1999 年版，第 587 页。

古代铜马车[①]

为驷。《诗经·小雅·采菽》："载骖载驷，君子所届。"骖又指三马或四马驾车时位于两边的马。古代的车为单辕，架辕的一般是两匹马，叫服马，两旁的马叫骖马。骖马用皮条与车体相连。《诗经·郑风·大叔于田》："执辔如组，两骖如舞。"郑玄笺："在旁曰骖。"

除了有马拉的车外，还有用牛拉的车。《世本·作篇》："胲作服牛。"胲，据王国维考证即指商先公王亥[②]，服牛又作仆牛。《山海经·大荒东经》："王亥托于有易，河伯仆牛。有易杀王亥，取仆牛。"王亥所"作"的"服牛"，应是用牛拉车，以减轻人的负担。宋镇豪考证甲骨文的"牵"字，是殷人乘牛车的专用字，牵可用数字计，一牵即一辆牛车。甲骨文有五十牵、九十牵，最多至一百五十牵。

---

① 图片来自人民网，http：//unn. people. com. cn/BIG5/channel346/349/1404/1405/200012/25/22998. html。

② 王国维：《殷卜辞所见先公先王考》，《观堂集林》（第9卷），北京：中华书局1959年版，第409页。

丁亥卜，品，其五十牵。(《合集》34677)

戊子卜，品，其九十牵。……其百又五十牵。(《合集》34674)

一次用一百五十辆牛车，可见当时的运输量十分巨大。

车发明后，虽然也经常用于旅行和运输，但其主要用途是作战车。战车是春秋以前战争的重要工具，所以春秋时期，人们常常用万乘之国、千乘之国来衡量一个国家的实力。据文献记载，一乘战车，上有甲士3人，后跟步兵72人。拥有千乘以上兵力的国家便是强国。

在古代汉语中，表示劳作的意义常用“为”字，甲骨文写作，象人用手牵着大象役作之形，典籍中也有殷人服象的记载。我国远古时期中原地区气温较高，湿度很大，十分适合大象生存。在山西、陕西、河南等地的旧石器时代遗址中，出土了不少大象化石。甲骨文中有“省象”（《合集》32954），意为视察大象的生活情况，[①] 直到商代的遗址中仍然可见大象的遗迹，安阳殷墟发现埋象的坑，象的颈下有铜铃，说明已是被驯养的。[②] 象在商代已经成为家畜，文献中又有商人“服象”的记载，商人用

① 宋镇豪：《夏商社会生活史》，北京：中国社会科学出版社1994年版，第245页。

② 王宇信、杨宝成：《殷墟象坑和“殷人服象”的再探讨》，胡厚宣等：《甲骨探史录》，北京：生活·读书·新知三联书店1982年版，第467～480页。

象作为代步工具或驮载重物运输，应是可能的。而且在甲骨文中，还有关于商王田猎时“获象七”的明确记录，说明在那个时候，大象在中原地区依然常见。商代的人也使用象帮助他们打仗，《吕氏春秋·古乐篇》“殷人服象，为虐于东夷”，意思是商人驯服了大象，在征讨东夷的战争中发挥了很大作用。在战争中，象的优势在于体型庞大，难以被对方杀死，并且载重量大，可以作为有效的运输工具。

到了西周时期，由于气候及其他原因，大象才被迫南迁。据文献记载，古人很早就开始驯化大象。如《论衡·书虚》记载，“舜葬于苍梧下，象为之耕”。这是用大象耕种的较早的记述。据罗振玉推测：“古者役象以助劳，其事或尚在服牛乘马以前。”① 后来，大象在中原地区逐渐为牛、马所代替，但在南方的一些国家和地区，用象的传统则一直保留了很久。如《史记·大宛列传》把当时的滇越国称为“乘象国”，唐代的傣族用象耕作，元明清时期用象作战等，都是对甲骨文“为”字所表示的古老劳作方式的传承。

此外，商王田猎所获取的禽兽的肉、皮、骨、角还可以作为王室的享用品。《周礼·天官·兽人》记载：“凡祭祀、丧纪、宾客，共其死兽、生兽，凡兽入于腊人，皮、毛、筋、角入于玉

① 罗振玉撰：《殷虚书契考释》，北京：东方学会石印本1927年版，第60页。

府。”贾公彦疏：“兽人所得禽兽，其中皮毛筋角，择取堪作器物者，送入于玉府，拟给百工饰作器物。”从出土器物和古文字资料来看，其他还有箭囊、鼓皮等。至于骨角技艺，也十分精湛，大量经过精细加工的商代骨笄、骨匕、骨针、骨链、牙瓢、牙梳等时见出土。

（二）消除祸患，为农除害

原始社会时期，人口稀少，森林覆盖面积大，耕地与森林互相错杂，林中鸟兽很多，人们的生活方式以狩猎为主。到了商周时期，人们的生活方式则是以农耕为主，狩猎不再是获取食物的主要方法，但鸟兽会对农业生产造成很大的破坏。为了发展农业生产，扩大农业种植面积，保护农作物不受野生动物的侵害，使其有良田和更好的收成，就要经常进行大规模的围猎活动，这种围猎最初是在保护农田的名义下进行的，所以被叫作“田猎”。商代的田猎活动，不仅各地氏族、方国首领要亲自参加，就连商王也要经常参加。

甲骨文的“焚”字作，意为“以火焚林”，即以火烧山林来田猎之意。“焚”是古代常用的田猎方式，同时也是一种农耕方法，人们在被火烧过的土地上进行播种，早先被焚烧过的猎区逐渐变成农田。唐代诗人吕温的《道州观野火》一诗正好描绘了古代人们焚山烧泽、除秽垦田以及作物丰收的过程：

南风吹烈火，焰焰烧楚泽。阳景当昼迟，阴天半夜赤。

过处若彗扫，来时如电激。岂复辨萧兰，焉能分玉石。

虫蛇尽烁烂，虎兕出奔迫。积秽皆荡除，和气始融液。

尧时既敬授，禹稼斯肇迹。遍生合颖禾，大秀两岐麦。

家有京坻咏，人无沟壑戚。乃悟焚如功，来岁终受益。

殷商时期，历代商王的田猎地点不断变化，陈炜湛认为“商代田猎地总数字在二百七十个以上，有早期为田猎地，而中晚期未见者，有早期不见前往田猎而中晚期辟为田猎地者，亦有若干地为历代诸王均至之田猎者”。[①] 书中还把各时期的田猎地列成详细的表格并做了精确的统计，指出“从武丁到帝乙、帝辛，诸王田猎地点异多同少，且有不断扩大增加之势。另外，既辟新地，其旧地或已转化为农田、畜牧地，或干脆废弃，不能详知”[②]。据

① 陈炜湛：《甲骨文田猎刻辞研究》，南宁：广西教育出版社 1995 年版，第 38 页。

② 陈炜湛：《甲骨文田猎刻辞研究》，南宁：广西教育出版社 1995 年版，第 67 页。

此推测，田猎后，尤其是“焚林而田”的旧地向农田、畜牧地转化是较常见的。这种“焚林而田”的做法曾延续较长时间，见于文献者如《春秋 · 桓公七年》、《左传 · 定公元年》、《韩非子 · 难一》、《吕氏春秋 · 义赏》、《淮南子 · 本经训》以及唐宋时代的一些诗歌。有意思的是有的国家大火一烧便难以控制，田猎活动最后变成了救火。《韩非子 · 内储说上》：“鲁人烧积泽，天北风，火南依，恐烧国，哀公惧，自将众救火。左右无人，尽逐兽而火不救。”

商代后半期的甲骨文资料说明，历代商王为了巩固王朝的统治，扩大疆域，开发土地，发展农牧业，不断地对未臣服于商的氏族、方国进行征伐。由于地区经济发展的不平衡，不少氏族、方国还处于游牧生活阶段。征服这些氏族、方国之后，就需要在这些地区开发土地，从事农业种植。在当时，开发土地最简而易行的是采用“焚林而田”的田猎方法，这样就将田猎与农业统一起来。“焚林而田”空旷出来的土地，须经过开垦成为农田进而种植农作物，这在卜辞中叫“垦田尹”。

《孟子 · 滕文公上》有一段话：“当尧之时，天下犹未平，洪水横流，泛滥于天下，草木畅茂，禽兽繁殖，五谷不登，禽兽逼人，兽蹄鸟迹之道交于中国。”可见当时的禽兽之患十分严重。直到西周和春秋初期，中原地区还是人烟稀少，丛林密布，虎熊等动物经常出没，故“周公相武王，诛纣伐奄，三年讨其君，驱飞廉于海隅而戮之，灭国五十，驱虎豹犀象而远之，天下大悦”，

“险阻既远，鸟兽之害人者消，然后人得平土而居之”。《左传·庄公十七年》：“冬，多麋。”杜预注：“麋多则害五稼，故以灾书。”

野兽对于农作物的危害，古今皆然，因此驱兽也常见于古书记载。《礼记·月令》：“是月也，驱兽勿害五谷。”郑注：“兽，麋鹿之属，食谷苗，驱之勿令害也。”《白虎通义》也说：“王者诸侯所以田猎者何？为田除害，上以供宗庙，下以简士众也。”卜辞中也有类似记载：

丁未卜，象来涉，其呼屏射。（《屯南》2539）

甲申卜，争贞，象其有祸？（《合集》4618）

前条卜辞是说野兽来水滨觅食徘徊，命令武士射猎；后条是贞问野象是否对人们有危害。

根据卜辞记载，商王猎获动物的种类大致有麋、鹿、虎、象、兔等几十种，而以前两种数量最大，它们大多为食草性动物，对农业的危害是不言而喻的。不仅如此，畜牧也经常会受到野兽的侵害。比如下列卜辞：

贞，我马有虎唯祸？（《合集》11018）

其南牧擒？其北牧擒？（《合集》28351）

前条卜辞是贞问商王国的马群是否会遭到虎的侵袭；后条是贞问在某草地从南边还是从北边放牧会有擒获。因此，在野兽危害到殷人自身的安全、危害农业和畜牧业时，田猎不失为消除这种祸害的较好方式。

时至今日，在一些森林保护得较好的地方，仍然会出现黑熊、大象、麻雀等鸟兽破坏庄稼的现象。人们会采用敲锣、鸣鞭炮、扎稻草人等方法来驱逐鸟兽。田猎的目的之一便是保护庄稼，消除禽兽之害。所以，商代的田猎是当时不可缺少的社会活动，具有开发土地、垦殖农田、保护庄稼的作用。

（三）军事训练

上古时期，田猎与军事活动有着十分密切的关系，田猎不单单是为了娱乐消遣和获得生活物资，还是一项纳身体、技术、战术训练为一体的具有军事意义的活动。《左传 · 隐公五年》说得很明白："春搜、夏苗、秋狝、冬狩，皆于农隙以讲事也。"农隙即指农闲，讲事意为讲习武事，也就是教民征战。从《周礼 · 夏官 · 司马》有关记述中即可看出田猎活动是与训练作战阵法和出入进退结合进行的。明朝永乐二十年，朱棣征阿鲁台，车驾度偏岭，命将士猎于道旁山下。朱棣对从臣说："朕非好猎，顾卒随讨，道中唯田猎可以驰马挥戈，振扬武事，作其骁勇之气耳。"（见《续文献通考》）田猎活动实际上是战前的一次军事演习。

天子常常亲自率众参加田猎，同时更重要的是借出猎时阅军习武、训练各种武器的使用和车马的驾控，如《礼记·月令》：“天子乃教于田猎，以习五戎，班五政。”因此，闻一多认为古时田猎军战本为一事，他说：“观军战断耳以计功，田猎亦断耳以计功；而未获之前，田物谓之丑，敌众亦谓之丑；既获之后，田物谓之禽，敌众亦谓之禽。是古人视田时所逐之兽，与战时所攻之敌无异。”① 郭宝钧也说：“田猎须驾车马，合徒众，执兵，进与禽兽斗，故田猎尚不止含有娱乐意义、经济意义，且有治兵的重要意义隐于其间。”② 杨升南说：“田猎在商代不仅仅是统治阶级的一种游乐活动，而且更重要的是以田猎进行军事演习，训练军队。”③ 军事训练和演习之所以可以用田猎来进行，是因为战争最初出现于原始公社瓦解时期，武器就是狩猎工具，战争方式与集体围猎相同。董作宾说：“殷代对士兵的训练主要靠打猎，将野兽假想为敌人，使弓矢戈矛，车马将士，一齐发挥出最大的威力，因此也能对野兽有所擒获。”④

《史记·魏公子列传》记载了这样一个情节：

---

① 闻一多：《周易义证类纂》，《闻一多全集 10 文学史编 周易编 管子编 璞堂杂业编 语言文字编》，武汉：湖北人民出版社 1993 年版，第 201 页。

② 郭宝钧：《中国青铜时代》，北京：生活·读书·新知三联书店 1978 年版，第 161 页。

③ 杨升南：《卜辞中所见诸侯对商王室的臣属关系》，胡厚宣编：《甲骨文与殷商史》（第 1 辑），上海：上海古籍出版社 1983 年版，第 170 页。

④ 董作宾：《武丁狩殷浅说》，《大陆杂志》1954 年第 8 卷第 6 期，第 354 页。

公子与魏王博，而北境传举烽，言“赵寇至，且入界”。魏王释博，欲召大臣谋。公子止王曰：“赵王田猎耳，非为寇也。”复博如故。王恐，心不在博。居顷，复从北方来传言曰：“赵王猎耳，非为寇也。”

可见田猎的动静确实是不小。

总的说来，田猎的过程与对敌作战几乎相同，为了追赶野兽，人们要侦察兽情、驱驭车马、兴师动众，集合士众，需操持猎具、列队摆阵，此外还要各司职守、射刺拼搏，田猎活动实质就是进行军事训练。同时，射猎的队伍即作战的队伍，射猎的指挥官即作战的指挥官。士众在猎场适应了纪律，学习了武艺，培养了勇气，掌握了谋略。锻炼了士卒实战的意志，就能在战场上克敌制胜。

商代设有田猎之官，卜辞中叫作“犬”，其职能是观察野兽出没情况，并及时向商王报告，以供商王决定是否进行田猎。如：

戊辰卜，在渔，犬中告麋，王其射，无灾，擒。（《粹》935）

盂犬告鹿，王其从，擒。（《续存下》821）

乙酉卜，犬来告有鹿，王往逐。（《屯南》997）

侦察兽情时，犬官须藏于隐秘之处，对鸟兽之迹进行辨认识别，并对其数量、活动范围、行进方向做出缜密判断，与对敌情的侦察方式类似。甲骨文中已记载有负责侦察敌情的武官“侯”，他们守候在国土的边地，时时观察敌人的动静，向王室报告敌军出与不出的消息。此外，对敌情的侦察被称作“望”或“目”，即观察之意。

甲骨卜辞中记载商代田猎时，常常捕获数百头野兽，如一次捕获麋700头，一次获兕40只，每头兕的重量可达千斤。对兕这种巨型野兽，一般采用焚林围剿的方法来猎捕，要在一次田猎中获得数十头，没有上千的兵力按其战阵围歼，是难以收效的。《逸周书·世俘解》中记载周武王征伐商的一些方国之后，进行了一次田猎，收获颇丰，野兽数量近万头，种类有十多种。能捕获这么大量的野兽，至少需要动用上万兵力，不难想见其规模的浩大。调集数量众多的人员参与田猎，就相当于一次“军事演习”。而在田猎活动中，都是以军事规则来要求参加田猎的人，所以田猎的方法与战场实际运用的战法有明显的相通之处。如“围猎”一法，包含了狩、逐、焚等方法或技术，不仅适用于狩猎，也显示了战场上的阵法与战术运用，它本身就寓涵了与战场相通的军事演练意味。因此古代的田猎就是一种军事训练的手段，就是一次实战演习。

田猎中常用战车追逐野兽，如卜辞：“癸巳卜，㱿贞，旬亡祸？王占曰，乃兹亦有祟。若偁，甲午，王往逐兕，小臣叶车，马碰驭王车，子央亦坠。”（《合集》10405）这段卜辞记载的是田猎时追逐兕，小臣所驾的车马在山岩下碰撞了王的座车，随王逐兕的子央也被撞翻跌下车来。《左传·襄公三十一年》中有：“譬如田猎射御，贯则能擒获；若未贯，登车射御则败绩压覆是惧，何暇思获?”这正是强调车战要从车猎中训练出熟练的驾驶技术。古代人们在准备作战的时候，要把战车从城里推到远郊去套上马。为了确保战争来临的时候战车可以立即投入使用，没有破损或者朽坏，每年的狩猎活动就是一次检验与检修。

商王在行程较远的田猎中，要辗转数地，历时数月。在地广人稀、交通不发达的环境中，要解决田猎人员的后勤补给，除了就地取材以解决部分给养外，其他主要依靠沿途臣服于商的氏族、方国的进献。通过田猎活动来举行军队的战阵演习，以达到训练士卒的目的，这也是田猎活动频繁的原因之一。较大规模的田猎活动不仅训练了士卒的战斗意志和实战能力，还可以加强军事情报传递、物资运输等辅助系统的工作能力。

春秋战国时期，战争的几项基本技能就是射（射箭）、御（驾车）、斗（格斗）等。而在田猎活动中，这几项都会得到展示。这一时期，春秋两季都要举行大规模的田猎以练兵。《诗经》的《大叔于田》和《车攻》都是田猎诗。《大叔于田》中的主人公“叔”在“薮”打猎的时候展示了“袒裼暴虎”、“善射忌，又良御忌”等多项技能，尤其是描写他驾驶战车的时候，“执辔如组，两骖如舞”、“两服上襄，两骖雁行”、“两服齐首，两骖如手”，可见他驾驶水平的高超。

《车攻》是一首叙述周宣王在东都会同诸侯举行田猎的诗。诗中讲述了在圃田和敖山这两个狩猎地点，周王朝有精良的战马、牢固的猎车以及强壮的队伍，诸侯及随从士卒驾车不失法度，射箭百发百中。表现了周王朝军队的无坚不摧、所向披靡。《车攻》再现了举行田猎会同诸侯的整个过程，是《诗经》田猎诗中描写场面最宏大的。

《诗经·小雅·车攻》：

我车既攻，我马既同，四牡庞庞，驾言徂东。
田车既好，四牡孔阜，东有甫草，驾言行狩。
之子于苗，选徒嚣嚣，建旐设旄，搏兽于敖。
驾彼四牡，四牡奕奕，赤芾金舄，会同有绎。
决拾既佽，弓矢既调，射夫既同，助我举柴。
四黄既驾，两骖不猗，不失其驰，舍矢如破。
萧萧马鸣，悠悠旆旌，徒御不惊，大庖不盈。
之子于征，有闻无声，允矣君子，展也大成。

这首诗既描写了狩猎的前期准备，又写了狩猎的场面和结果，表明这种狩猎的目的不在于获取猎物，而是为了显示王室的实力。《毛诗序》云：“宣王内修政事，外攘夷狄，复文、武之境土，修车马，备器械，复会诸侯于东都，因田猎而选车徒焉。”

《墨子·明鬼篇》说："周宣王会诸侯而田于圃，车数万乘。"清胡承珙还援引史实对《序》说详加证明："成康之时，本有会诸侯于东都之事。《逸周书·王会解》首言成周之会。孔晁注云：'王城既成，大会诸侯及四夷也。'《竹书》成王二十五年大会诸侯于东都，四夷来宾，皆其明证。宣王中兴，重举是礼，故曰复会。"（《毛诗后笺》）古代天子举行田猎活动，有军事训练和军事演习的作用，周宣王会同诸侯狩猎，当有政治、军事等特殊目的。方玉润《诗经原始》说："盖此举重在会诸侯，而不重在事田猎。不过籍田猎以会诸侯，修复先王旧典耳。昔周公相成王，营洛邑为东都以朝诸侯。周室既衰，久废其礼。迨宣王始举行古制，非假狩猎不足以慑服列邦。故诗前后虽言猎事，其实归重'会同有绎'及'展也大成'二句。"也就是说，车攻炫耀武力，威慑列国诸侯，具有军事演习的意义，带有明显的军事、政治目的。田猎活动还可以起到挑选优秀将领，储备战斗、指挥人才的作用。

《周礼·夏官·大司马》非常详细地记述了通过狩猎活动教导人民练习战阵的情况：

> 大司马之职，掌建邦国之九法，以佐王平邦国……
>
> 中春，教振旅，司马以旗致民，平列陈，如战之陈，辨鼓铎镯铙之用，王执路鼓，诸侯执贲鼓，军将执晋鼓，师帅执提，旅帅执鼙，卒长执铙，两司马执铎，

公司马执镯，以教坐作进退疾徐疏数之节，遂以蒐田，有司表貉，誓民，鼓，遂围禁，火弊，献禽以祭社。

中夏，教茇舍，如振旅之陈，群吏撰车徒，读书契，辨号名之用，帅以门名，县鄙各以其名，家以号名，乡以州名，野以邑名，百官各象其事，以辨军之夜事，其他皆如振旅，遂以苗田，如蒐之法，车弊，献禽以享礿。

中秋，教治兵，如振旅之陈，辨旗物之用：王载大常，诸侯载旂，军吏载旗，师都载旃，乡遂载物，郊野载旐，百官载旟，各书其事是与其号焉，其他皆如振旅，遂以狝田，如蒐田之法，罗弊，致禽以祀祊。

中冬，教大阅，前期，群吏戒众庶，修战法；虞人莱所田之野，为表；百步则一，为三表，又五十步为一表，田之日，司马建旗于后表之中，群吏以旗物、鼓铎、镯铙，各帅其民而致，质明，弊旗，诛后至者，乃陈车徒，如战之陈，皆坐，群吏听誓于陈前，斩牲以左右徇陈曰：不用命者斩之。中军以鼙令鼓，鼓人皆三鼓，司马振铎，群吏作旗，车徒皆作，鼓行，鸣镯，车徒皆行，及表乃止。三鼓，摝铎，群吏弊旗，车徒皆坐。又三鼓，振铎，作旗，车徒皆作，鼓进，鸣镯，车骤徒趋，及表乃止。坐作如初，乃鼓，车驰徒走，及表乃止。鼓戒三阕，车三发，徒三刺，乃鼓退，鸣铙，且却，及表乃止，坐作如初。

遂以狩田，以旌为左右和之门，群吏各帅其车徒，以叙和出，左右陈车徒，有司平之。旗居卒间以分地，前后有屯百步，有司巡其前后，险野人为主，易野车为主。既陈，乃设驱逆之车，有司表貉于陈前，中军以鼙令鼓，鼓人皆三鼓，群司马振铎，车徒皆作，遂鼓行，徒衔枚而进。大兽公之，小禽私之，获者取左耳，及所弊，鼓皆駴，车徒皆噪，徒乃弊，致禽馌兽于郊。入，献禽以享烝。

这段材料实际上就是对古代大蒐礼的详细记载。大蒐礼原为以田猎之名举行的军事演习，分为两部分：前半部是教练和检阅之礼，后半部是田猎演习之礼。大蒐礼前半部分的过程大致如下：

1. 建设教场，树立标木，以便校正军队行列和指挥行动。

2. 司马建旗于标木，群吏率领所属集合，到鸡鸣后、食时前检点人员，排列阵势，全体坐下。

3. 阵前斩牲誓师，大意是不用命者斩之。

4. 教练军士进退和作战。元帅击鼙，鼓人闻之击鼓，司马闻之振铎，群吏举旗，军士依旗号进退。

大蒐礼的后半部分如下：

1. 在猎场周围建造栅栏，鄂温克人也是采用建造栅栏的方式进行围猎。

2. 建造临时军舍，当是帐篷，周围建有壁垒，两边用旗杆作为门柱，设有左右两个军门。

3. 依次出军门，排列成阵。地势较差的地方步兵在前，车兵在后；地势好的地方车兵在前，步兵在后。

4. 猎场周围设驱逆之车，防止野兽逃出栅栏外。

5. 阵前立表祭祀，并誓师。

6. 中军元帅下令进军，随后军士前进射击禽兽。

7. 收获凯旋，奏一种短促而持续的鼓乐。

8. 献禽，如同战胜后献俘。

9. 庆赏和处罚。

吴荣曾在《周代的农村公社制度》中指出："在原始公社时期的那种人民大会，到进入阶级社会后，性质完全变了，它变成国君对全国军队的大检阅。周代的大搜也即往昔人民大会转化而来的，这和欧洲法兰克王的'三月阅兵'的性质是相像的，我们知道'三月阅兵'，其前身即为法兰克人的人民大会；周人的大搜是检阅，也是操练，并且还和大畋猎结合起来，大畋猎的目的之一是驱害兽。"① 杨宽更是从制度层面对西周、春秋时期的田猎活动进行探讨，指出大蒐礼原为借用田猎来进行的军事检阅和军

① 吴荣曾：《周代的农村公社制度》，北京大学历史系编辑：《北大史学论丛》，北京：高等教育出版社 1960 年版，第 50 页。

事演习：大蒐礼具有“国人”（公民）大会的性质，是当时推行政策、加强统治、准备战争的重要手段。①

《周礼》中，这种借用田猎进行的大蒐礼按四季分别分为蒐田、苗田、狝田、狩田。氏族公社时期，大规模的狩猎是按季节进行的。他们按照各个季节野兽的生活习性，安排不同的狩猎地区、狩猎对象和狩猎方式，后来逐渐演变成按季节举行大蒐礼。这反映出集体田猎和战争在上古实为一事。

原始社会晚期出现战争，所用武器就是狩猎工具，作战方式也与集体围猎类似。此后很长一段时间内，战争都残留了原始社会田猎的痕迹，因此采取田猎方式进行军事训练是再合适不过的了。

实际上，田猎最主要的目的就是讲兵习武。田猎过程中的修战法、为表、致民、列阵、听誓、习战，一直到表貉、誓民、狩猎、设奠等，都是按照讲武治兵的形式和要求进行的。在全民皆兵的历史背景下，周统治者通过让大众熟悉田猎繁苛的礼制，以达到掌控军事的目的。孟世凯引证郭宝钧的话说：“田猎须驾车马，合徒众，执兵戈，进与禽兽搏斗，故田猎尚不止含有娱乐意义、经济意义，且有治兵的重要意义隐含其间，后遂演为周人大搜之礼。”②

---

① 杨宽：《“大蒐礼”新探》，《学术月刊》1963 年第 3 期，第 48 ~ 56 页。

② 孟世凯：《商代田猎性质初探》，胡厚宣编：《甲骨文与殷商史》，上海：上海古籍出版社 1983 年版，第 204 ~ 222 页。

（四）游乐消遣

据《尚书·无逸》记载："自（祖甲）时厥后，立王，生则逸。生则逸，不知稼穑之艰难，不闻小人之劳，惟耽乐之从。自时厥后，亦罔或克寿，或十年，或七八年，或五六年，或四三年。"故此，周公告诫成王："继自今嗣王，则其无淫于观、于逸、于游、于田，以万民惟正之供。"《老子》："五色令人目盲，五音令人耳聋，五味令人口爽，驰骋田猎令人心发狂。"这揭示了西周和春秋时期人们在田猎过程中所产生的普遍心态，也就是说古代的渔猎大多是王公贵族为了逸乐而进行的。

田猎也确实具有娱乐的性质。陈梦家指出："卜辞中所有关于田猎的记载，都是时王为逸乐而行的游田，并无关乎生产。"①陈氏的看法自是有些偏颇，但认为商王田猎的目的是娱乐，还是有一定道理的。在周朝，田猎作为社会生活的一种重要的经济活动和社会公共活动，由于水平的提高，使每个社会个体参与其中时很容易产生一种轻松愉悦之感。

《吕氏春秋·情欲》云："楚庄王好周游田猎，驰骋弋射，欢乐无遗，尽傅其境内之劳与诸侯之忧于孙叔敖。"这足以表明田猎在西周和春秋时期被视为轻松愉悦的活动。在《诗经》中，田猎往往被视为快乐的事情。《诗经》中的田猎诗是中国文学史上

---

① 陈梦家：《殷虚卜辞综述》，北京：中华书局1956年版，第552页。

集中、全面表现田猎活动的最早的成熟诗歌作品。田猎作为一种经济生活方式，很早就进入了文学领域。《弹歌》是最早反映田猎生活的文学作品，从内容和形式看，无疑是一首比较原始的狩猎歌。它反映了我国渔猎时代人民的劳动生活，描写了他们砍竹、接竹、制造出狩猎工具，然后用弹丸去追捕猎物的整个劳动过程。短歌中流露出原始先民对自己学会制造灵巧猎具的自豪和喜悦，也表现出他们希望获取更多猎物的心情。

不可否认，《弹歌》是一首优秀的田猎歌谣。整首歌谣尽管仅有八个字，但表达的意蕴非常丰富，形象鲜明突出，具体生动，具有极强的艺术表现力；从韵律来看，整首歌谣音节整齐匀称，韵脚和谐。随着汉族思想的儒化、军队变为常设武装力量、农田的广泛开垦，田猎渐渐被社会主流所摒弃，并长时间被儒家文人斥为“淫逸之举”，予以贬斥。而少数民族入主中原的王朝，却定期举行田猎活动，以保持本民族的特性，维持剽悍尚武的民族气质。像契丹的钩鱼、蒙古的那达慕、清朝的木兰围场，都是这样的例子。

捕鱼明显具有逸乐的性质。在有限的渔事贞卜中，有不少商王亲自参与的例子，有人把它作为商代渔业生产的证词，用来说明商王对渔业“十分重视”。就表面现象来看，这样的理解似乎不错；但仔细推敲，可商榷处不少。下面是商王捕鱼的例子：

王渔。(《合集》10475)

贞，鱼，王鱼。(《合集》10488)

丁卯卜，王大获鱼。(《通》749)

戊寅……王狩京鱼，擒。(《前》1.29.4)

商王对捕鱼确实表现出不小的兴趣。卜辞中，商王参加的活动有祭祀、战争与田猎。先秦时期，“国之大事，在祀与戎”，商王主祭、率兵作战都体现了对这两个国之大事的重视。农业是仅次于祭祀与战争的大事，然而在《合集》中，1 054 片农业卜辞中竟不见商王亲身事农的例证，农业的重要和他对农业的重视是通过大量求禾、求年、贞雨及省田、萑耤和命“众人”协田、垦田之类的贞卜体现的。商王捕鱼必以逸乐为出发点，如果说重视那也是对逸乐的重视。捕鱼的方法多种多样，网捕痛快淋漓，垂钓治身养性，矢射工于技巧，徒手捉鱼也是一种竞技活动。虽不同于田猎，可以纵横驰骋，令人忘形发狂，但其逸乐消遣性质也是显而易见的。郭沫若先生说，商代早已超过了渔猎社会，商代的渔猎“已成为游乐的行事”①，既以游乐为目的，这类同活物间的游戏就没有多少经济或生产上的积极意义，就如同我们今天从没有让钓鱼协会的垂钓活动跻身渔业之列，也不能用它们来说明当今的渔业生产情况一样。

① 刘兴林：《浅议商代渔业的几个问题》，《殷都学刊》1995 年第 4 期，第 8～11 页。

狩猎的娱乐性是很突出的，尤其当狩猎在社会生产中退居次要地位后，它甚至成为周人不可缺少的娱乐方式。人们在草原上纵马驰骋时，他们感受到自由的力量；人们一箭射中奔逃的野兽时，他们体验到胜利的快感。总之，人们可以从狩猎中体会到自我价值得到实现后的乐趣，这就是狩猎具有娱乐价值的心理基础。

参考文献

［1］曹旅宁：《从秦简〈公交车司马猎律〉看秦律的历史渊源》，卜宪群、杨振红主编：《简帛研究二〇〇二》，南宁：广西师范大学出版社 2006 年版。

［2］常耀华：《甲骨文田猎辞性质刍议》，《中国国家博物馆馆刊》2012 年第 5 期。

［3］陈朝鲜：《〈诗经〉中的渔文化研究》，《农业考古》2010 年第 1 期。

［4］陈朝鲜：《〈诗经〉中的狩猎文化研究》，《农业考古》2010 年第 4 期。

［5］陈梦家：《殷虚卜辞综述》，北京：中华书局 1956 年版。

［6］陈盘：《古代社会田狩与祭祀之关系》，《史语所集刊》1948 年第 21 本。

［7］陈鹏程：《周人田猎文化与〈诗经〉中的田猎诗》，《新余学院学报》2012 年第 5 期。

［8］陈炜湛：《甲骨文田猎刻辞研究》，南宁：广西教育出版社 1995 年版。

［9］陈双新：《也论商王田猎的意义》，《殷都学刊》2002 年

第3期。

［10］黄然伟：《殷王田猎考》，《中国文字》1964年第14册。

［11］黄金辉：《〈诗经〉中的鱼文化》，《咸宁师专学报》1993年第3期。

［12］黄琳斌：《周代狩猎文化》，《文史杂志》2002年第2期。

［13］黄宇鸿：《〈说文〉中古代农牧渔猎文化沟沉》，《钦州师专学报》2002年第4期。

［14］何九盈：《汉字文化学》，沈阳：辽宁人民出版社2000年版。

［15］吉卜生：《商代的田猎》，《中国杂志》1937年第27卷第6号。

［16］金开：《商族图腾崇拜及相关问题》，《殷都学报》2003年第3期。

［17］郭沫若：《中国古代社会研究》，北京：人民出版社1977年版。

［18］李仁质：《中国古代的狩猎典制》，《山西社会主义学院学报》1999年第4期。

［19］刘恒：《卜辞所见商王田猎的过程、礼俗及方法》，《考古学报》2009年第3期。

［20］刘志远：《四川汉代画像砖艺术》，北京：中国古典艺术

出版社 1958 年版。

［21］刘兴林：《论商代渔业性质》，《古今农业》1989 年第 1 期。

［22］刘兴林：《浅议商代渔业的几个问题》，《殷都学刊》1995 年第 4 期。

［23］刘兴林：《殷商以田猎治军事说质疑》，《殷都学刊》1996 年第 1 期。

［24］刘兴林：《殷商田猎性质考辨》，《殷都学刊》1996 年第 2 期。

［25］孟世凯：《商和西周时期献禽制初探》，《史学月刊》1987 年第 5 期。

［26］孟世凯：《殷商时代田猎活动的性质与作用》，《历史研究》1990 年第 4 期。

［27］孟世凯：《商代田猎性质初探》，胡厚宣编：《甲骨文与殷商史》（第 3 辑），上海：上海古籍出版社 1983 年版。

［28］邱峰：《中国淡水养鱼史话》，《农业考古》1982 年第 1 期。

［29］饶宗颐：《甲骨文通检（第五辑：田猎）》，香港：香港中文大学出版社 1999 年版。

［30］邵英：《从古文字学看上古时代网具的类型与用途》，《长安大学学报》2011 年第 3 期。

［31］舒怀：《从龟甲兽骨看田猎在商代的经济地位》，《湖北

大学学报》2000 年第 6 期。

［32］孙雍长：《体现在甲骨文构形上的一种狩猎手段》，《湖北大学学报》1992 年第 4 期。

［33］孙雍长：《汉字文化具象——从甲文、金文看古代的田猎》，《五邑大学学报》1995 年第 1 期。

［34］孙雍长：《从甲骨文看殷周时代的田猎文化》，《广州大学学报》2007 年第 1 期。

［35］王宁等：《〈说文解字〉与中国古代文化》，沈阳：辽宁人民出版社 2000 年版。

［36］王宇信、杨升南主编：《甲骨学一百年》，北京：中国社会科学文献出版社 1999 年版。

［37］王廷洽：《〈周易〉时代的渔猎和畜牧》，《上海师范大学学报》1993 年第 4 期。

［38］王亮：《李斯臂苍鹰考》，《传统中国研究集刊》（九、十合辑），上海：上海人民出版社 2012 年版。

［39］（东汉）许慎：《说文解字》，北京：中华书局 1963 年版。

［40］徐中舒主编：《甲骨文字典》，成都：四川辞书出版社 1998 年版。

［41］姚孝遂：《甲骨刻辞狩猎考》，四川大学历史系古文字研究室编：《古文字研究》（第 6 辑），北京：中华书局 1981 年版。

［42］杨升南：《商代经济史》，贵阳：贵州人民出版社 1992

年版。

［43］杨升南：《商代的渔业经济》，《农业考古》1992 年第 1 期。

［44］杨升南、马季凡：《商代经济与科技》，北京：中国社会科学出版社 2010 年版。

［45］叶修成、梁葆莉：《〈诗经〉中“鲂”“鱮”索解》，《汉字文化》2007 年第 5 期。

［46］殷光熹：《〈诗经〉中的田猎诗》，《楚雄师范学院学报》2004 年第 1 期。

［47］张庆：《我国古代的田猎活动》，《文史知识》1994 年第 9 期。

［48］章秀霞：《花东田猎卜辞的初步整理与研究》，《殷都学刊》2007 年第 1 期。

［49］郑志刚：《嘉峪关魏晋古墓砖画中的训鹰狩猎图像研究》，《敦煌学辑刊》2007 年第 2 期。

［50］周苏平：《先秦时期的渔业》，《农业考古》1985 年第 2 期。

引书全称

《合集》:《甲骨文合集》

《屯南》:《小屯南地甲骨》

《续存》:《甲骨续存》

《英》:《英国所藏甲骨集》

《通》:《卜辞通纂》

《前》:《殷虚书契前编》

《粹》:《殷契粹编》

《怀》:《怀特氏等收藏甲骨文集》